特殊奧運
──── 田徑 ────

2018 特奧田徑運動規則

（版本：2018 年 6 月）

■ 田徑

關於田徑項目：

田徑運動鼓勵運動員不分年齡大小，無論能力高低，都要在競技場上展現最佳實力。接受過田徑運動訓練的運動員，具備全面的體適能，在任何運動項目都有競爭力。如同所有的特殊奧運運動項目，田徑給予運動員在訓練與競賽中學習的機會，以及參與大型社交場合的機會。

特殊奧林匹克田徑項目設立於1968年。
特殊奧運田徑的不同之處：

特殊奧運田徑最大的不同之處，在於所有運動員都會參加決賽。特殊奧運也要求所有運動員全程全力以赴。特殊奧運的運動員可以自由調整晉級的時間，以便在未來的預賽進入更好的組別。特殊奧運田徑也調整了跳高的高度，並舉行 10 公尺、25 公尺，以及 50 公尺的賽跑、競走，以及輪椅項目。這些並不是國際田徑總會（International Association of Athletics Federations）的競賽項目。

相關數據：

* 於 2011 年有 1,219,020 名運動員參加特殊奧運田徑項目。
* 於 2011 年有 202 支隊伍參加特殊奧運田徑項目。
* 從 2004 年開始，田徑項目成長了超過 160％！
* 在全球 7 大地區的 6 大地區之中，田徑是參加運動員人數最多的運動。

- 在西元前 776 年於希臘雅典舉行的史上第一屆奧運，田徑便是首要項目。

協會／聯盟／贊助者：

國際田徑總會

競賽項目：

- 特殊奧運田徑共有 44 種項目
- 徑賽：競走、輔助競走、輪椅、25 至 1 萬公尺賽跑、跨欄賽跑、接力賽跑
- 田賽：跳遠、擲球、鉛球，及迷你標槍
- 公路賽：半程馬拉松及馬拉松

特殊奧運田徑的不同之處：

每項運動和賽事中的運動員均按年齡、性別和能力分組，讓參與者皆有合理的獲勝機會。在特殊奧運中，沒有世界紀錄，因為每個運動員，無論在最快還是最慢的組別，都受到同等重視和認可。在每個組別中，所有運動員都能獲得獎勵，從金牌，銀牌和銅牌，到第 4 至第 8 名的緞帶。依同等能力分組的理念是特殊奧運競賽的基礎，實踐於所有項目之中，包括田徑、水上運動、桌球、足球、滑雪或體操等所有賽事。所有運動員都有公平的機會參加、表現，盡其所能而獲得團隊成員、家人、朋友和觀眾的認可。

1 總則

正式特奧田徑運動規則將規範所有特奧田徑賽事。針對這項國際運動項目，特奧會依據國際田徑總會（IAAF，International Association of Athletics Federations）的田徑規則（詳見 http://www.iaaf.org/）訂定了相關規則。國際田徑總會（IAAF）或全國運動管理機構（NGB）之規則應予以採用，除非該等規則與正式特奧田徑運動規則或特奧通則第 1 條有所牴觸。若有此情形，應以正式特奧田徑運動規則為準。

有關行為準則、訓練標準、醫療與安全規範、分組、獎項、比賽升等條件及融合運動團體賽等資訊，請參閱特奧通則第 1 條：http://media.specialolympics.org/resources/sports-essentials/general/Sports-Rules-Article-1.pdf。

經診斷為寰樞關節不穩定的唐氏症運動員不可參加「五項運動」和「跳高」比賽。

2 正式比賽

比賽項目旨在為不同能力的運動員提供比賽機會。各賽事可視情況決定所提供的比賽項目及視必要性訂定管理比賽項目之規章。教練可因應運動員的能力及興趣，選擇合適的項目加以培訓。

下列為特殊奧林匹克提供的正式項目：

2.1 徑賽

- 25 公尺
- 50 公尺
- 100 公尺
- 200 公尺
- 400 公尺
- 800 公尺

- 1500 公尺
- 3000 公尺
- 5000 公尺
- 1 萬公尺

2.2　跨欄

- 男子 110 公尺
- 女子 100 公尺
- 4×100 公尺接力
- 4×200 公尺接力
- 4×400 公尺接力
- 4×100 公尺融合運動（Unified Sports®）接力
- 4×200 公尺融合運動接力
- 4×400 公尺融合運動接力

2.3　田賽

- 跳遠
- 立定跳遠
- 跳高
- 擲壘球
- 擲網球
- 推鉛球

　　男子：4.0 公斤／ 8.8 英磅

　　女子：3.0 公斤／ 6.6 英磅

　　男子（8-11 歲）：3.0 公斤／ 6.6 英磅

　　女子（8-11 歲）：2 公斤／ 4.4 英磅

- 迷你標槍

　　男子：400 公克

　　女子：300 公克

男子與女子（8-15 歲）：300 公克混合項目
- 五項運動（100 公尺、跳遠、推鉛球、跳高、800 公尺）

2.4 競走項目
- 25 公尺競走
- 50 公尺競走
- 100 公尺競走
- 400 公尺競走
- 800 公尺競走
- 1500 公尺競走

2.5 輔助競走項目
- 10 公尺輔助競走
- 25 公尺輔助競走
- 50 公尺輔助競走

2.6 輪椅項目
- 10 公尺輪椅競賽
- 25 公尺輪椅競賽
- 30 公尺輪椅穿梭（S 型）賽
- 4×25 公尺輪椅折返接力
- 30 公尺電動輪椅穿梭（S 型）賽
- 50 公尺電動輪椅穿梭（S 型）賽
- 25 公尺電動輪椅障礙賽
- 100 公尺輪椅競賽
- 200 公尺輪椅競賽
- 400 公尺輪椅競賽
- 輪椅推鉛球
  男子：2 公斤／ 4.4 英磅
  女子：2 公斤／ 4.4 英磅

2.7　路跑

- 半程馬拉松
- 馬拉松

2.8　團體賽

- 融合運動團體田徑賽

3　規則與修改

3.1　徑賽一般規則與修改

- 起跑器之使用與起跑

  在所有徑賽項目：100 公尺、200 公尺、400 公尺、100 公尺跨欄、110 公尺跨欄、400 公尺接力，運動員皆可選擇是否使用起跑器。

- 起跑／口令

  1. 相關項目的起跑口令為：「各就位（on your marks），預備（set）」，當所有運動員就定位後，即可鳴槍。

  2. 在其他徑賽、所有競走項目和輪椅比賽，口令則為「各就位（on your marks）」，當所有運動員就定位後，即可鳴槍。運動員不得以手觸碰地面。

  3. 起跑發令員可以英語或其母語進行發令。所使用語言將於賽前告知所有參賽者。夏季世界特殊奧運會的起跑口令應以英語發令。

- 起跑（超過 400 公尺賽事）

  1. 800 公尺：運動員將分道起跑，直至越過第一個彎道通過搶道線後即可離開原來跑道。

  2. 1500 公尺以上：以弧線起跑。

- 接力賽起跑

  4×400 公尺：採三彎梯形起跑。第一棒全程分道跑。第二棒分道跑，直至越過第一個彎道通過搶道線後即可開始搶跑道。若 4×400 公尺參賽隊伍未超過四隊，建議僅第一圈的第一彎道前分道跑。然而，在任

何比賽中，4×400公尺接力賽應於上述方式中擇一進行。

- 為給予每位運動員發揮最佳表現的機會，發令員應依循下列原則：

  1. 運動員就定位後，給予足夠的時間安定下來；

  2. 若有運動員失去平衡，則應重新就定位。

  3. 發出預備口令後，不讓運動員久候。

- 起跑犯規

  1. 每場比賽僅允許一次起跑犯規，該次犯規的運動員不會取消資格。之後任何起跑犯規的運動員都將取消資格。

- 搶跑道犯規

  1. 在所有分道比賽中，各運動員自起跑至終點均應跑在自己分配到的跑道內。

  2. 若運動員被其他人推或撞出自己的跑道，但未有實質獲益，則不必取消資格。

  3. 若運動員在直線時跑出自己的跑道或於彎道時跑出外道，但未有實質獲益，且未對其他運動員造成妨礙，則不必取消資格。

- 競走

  1. 運動員不得同時參與競走和跑步項目，只能選擇以一種方式參與所有徑賽。

  2. 運動員必須全程都有一隻腳接觸地面。

  3. 所有競走項目中，比賽時運動員前腳可不須保持伸直。

  4. 400公尺以下競走項目中，若兩位以上大會人員認定運動員違反技術規則並因此獲益，則不必事先警告即可取消資格。

- 跨欄

  1. 100公尺跨欄的欄架高度應為0.762公尺，起跑線至第一欄的距離為13.00公尺，欄與欄之間的距離為8.50公尺，而最後一欄至終點線的距離則為10.50公尺。

  2. 110公尺跨欄的欄架高度應為0.840公尺，起跑線至第一欄的距離

為 13.72 公尺，欄與欄之間的距離為 9.14 公尺，而最後一欄至終點線的距離則為 14.02 公尺。

- 風速計之使用

  1.所有比賽皆不須使用風速計和記錄風速。

3.2　田賽一般規則

- 試跳／試擲時限與丈量

  1.在跳遠，立定跳遠和投擲項目（推鉛球、擲壘球、迷你標槍、擲網球）中，每位運動員有連續三次試跳／試擲的機會。三次試跳／試擲的成績皆須丈量與記錄，以作平手時判定之用。三次試跳／試擲中成績最佳的一次將做為最終成績。運動員的第二最佳與第三最佳試跳／試擲成績將用於平手時判定之用。所有丈量都應使用公制單位。

  2.個人田賽（跳遠、立定跳遠和投擲項目）和混合項目中，若運動員未在唱名及裁判示意通知試跳後一分鐘內進行試跳／試擲，則將判定為犯規。跳高項目中，參賽人數超過三人時，時限為一分鐘。參賽人數二至三人時，時限為一分半鐘。只有一人參賽時，時限為兩分鐘。

- 風速計之使用

  1.所有比賽皆不須使用風速計和記錄風速。

- 跳遠

  1.運動員必須能跳過至少 1 公尺的距離，也就是起跳板與沙坑之間最大距離。起跳板可設置與沙坑前端最遠 1 公尺之間的任何位置。

  2.丈量距離時，將以直角量測起跳線至運動員身體或服裝的任何部分在著地區表面留下之痕跡間的最短距離。

  3.運動員可於賽前由大會工作人員協助標示其助跑道的起始點。

- 立定跳遠

  1.運動員必須雙腳於指定起跳線後起跳。起跳板位置與跳遠起跳板之規定相同。運動員可於起跳板上進行試跳。

2. 運動員起跳前必須在起跳線後。

3. 運動員必須雙腳同時起跳。運動員身體、腳跟與腳趾可前後擺動，但不可有任一腳完全離地。

4. 丈量距離時，將以直角量測起跳線至運動員身體或服裝的任何部分在著地區表面留下之痕跡間的最短距離。

5. 若情況允許，強烈建議立定跳遠項目於跳遠沙坑進行。起跳線應位於跳遠助跑道的末端。若使用厚軟墊，其長度必須足以供起跳和著地，且必須安全牢固於地面上以防滑動。

- 跳高

1. 運動員必須單腳起跳。

2. 所有跳高比賽最低起跳高度應為 1.00 公尺。

3. 運動員不得俯身跳過橫桿或以雙腳起跳。

4. 經診斷為寰樞關節不穩定的唐氏症運動員，或未經篩檢的運動員，不可參加「五項運動」或「跳高」。如需本限制相關資訊及豁免程序，請參閱特奧通則第 1 條附錄 F。

5. 若跳高項目在計算失敗次數後出現平手情形，則運動員應並列同名（不採決勝跳分勝負）。

6. 運動員可於跳高賽前由大會工作人員協助標示其起跳點。

7. 若運動員未在唱名及裁判示意通知試跳後 1 分鐘內進行試跳，則將判定為犯規。跳高項目中，參賽人數超過三人時，時限為一分鐘。參賽人數二至三人時，時限為一分半鐘。只有一人參賽時，時限為兩分鐘。

- 推鉛球

1. 鉛球可為鐵、銅或由合成金屬外殼包覆的器材。

2. 輪椅運動員可於常規分組進行比賽，但鉛球重量需與所有運動員相同。

3. 運動員必須在推擲圈內推擲，才算合法。推擲期間，運動員（或其

輪椅）不得觸及抵趾板上緣、鐵圈頂端或圈外的地面。運動員可觸及抵趾板或鐵圈的內側。

4.不得使用任何機械輔助。基於保護目的可允許手腕貼紮。

5.鉛球必須以單手由肩部推出。當運動員於圈內就定位開始推球時，鉛球應抵住或靠近頸部或下顎，且推球過程中手不得低於該位置。鉛球不得由肩線後方推擲。

6.若運動員進入推擲圈開始推球後，出現下列任一行為，則該球應宣告犯規且不進行丈量：

　（1）使用任何與合法定義（如 B.2.3.5 一節）不符的方式試推；或

　（2）導致鉛球落地於著地區線上或線外。

- **擲壘球與擲網球**

　1. 器材

　　（1）擲壘球：應使用周長 30 公分（11 又 3/4 英寸）的壘球。

　　（2）擲網球：應使用網球。

　2.運動員可採任何方式投擲。

　3. 投擲區應符合下列規格：

　　（1）助跑道應以兩條 5 公分寬，2.82 公尺長，相距 2.05 公尺的平行白線標示。投擲應於半徑 3.00 公尺圓弧後方範圍內進行。著地區則應以 5 公分寬白線標示，白線內側延伸後會穿過圓弧內側與助跑道平行線的二交叉點，並延伸交會於圓弧所屬圓圈的中心。圓圈中心為丈量點並應加以標示。夾角為 40°。

　4. 壘球與網球投擲區圖示

　5. 每次試擲應由球最先著地點丈量至圓弧的內緣。

　6. 若運動員出現下列任一行為，則應宣告犯規：

　　（1）未投擲壘球／網球，而

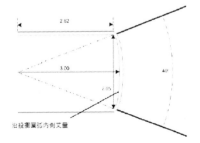

沿投擲圓弧內側丈量

球的最先著地點完全位於著地區標線內。

（2）運動員觸及所標示圓弧，或圓弧外或投擲區外的地面。

- 迷你標槍

1. 槍桿、握把和尾翼應由塑膠或合適的硬質材料製成。

2. 槍尖應為軟橡膠製成的圓鈍末端。

3. 迷你標槍可有三或四個尾翼。尾翼應平滑（無突出或粗糙不平）且應與迷你標槍表面垂直。

4. 迷你標槍最小重量：8-15 歲男子／女子為 300 公克、女子為 300 公克、男子為 400 公克。

5. 300 公克／400 公克迷你標槍規格表（單位：公釐）

尺寸	最小	最大
總長	685	705
槍頭長度	84	94
槍尖最粗處直徑	37	43
槍尖至重心點距離	365	380
握把前端槍桿直徑	30	38
握把後端槍桿直徑	24	30
握把處槍桿直徑	34	40
握把寬度	99	109
握把前端至槍尖尾端距離	322	332
尾翼長度	162	168
尾翼直徑（相對應尾翼的頂端至頂端）	95	105
尾翼數量	3	4

6. 迷你標槍應以單手抓握把方式持槍。

7. 迷你標槍應自肩上或投擲手臂上方擲出，且不得亂拋或猛擲。

8. 運動員全程都不得完全轉身背向投擲區。

9. 每次試擲應由槍尖最先著地點丈量至圓弧的內緣。

10. 迷你標槍助跑道與著地區應符合國際田徑總會規則第 5 章第 4 節

田賽項目規則第 187 條、第 9 條、第 10 條、第 11 條及第 12 條。

11. 若運動員出現下列任一行為，則應宣告犯規：

（1）未使用正確投擲技巧。

（2）槍尖未比槍身任何部分先著地。

（3）槍尖未完全落地於著地區標線內。

（4）運動員觸及所標示圓弧，或圓弧外或投擲區外的地面。

3.3　混合項目一般規則

- **五項運動**

1. 五項運動的五個項目應依下列順序進行：100 公尺、跳遠、推鉛球、跳高、800 公尺。

2. 特奧五項運動計分表請見章節後附錄。若計分表中找不到對應的比賽時間或距離，應採用最接近的較差成績。

3. 五項運動應於單日或連續兩日內舉行。若採二日賽制，第一至三項應於第一天舉行，第四與第五項則於第二天舉行。

3.4　輪椅項目一般規則

- **輪椅項目參賽運動員可同時參加其他田徑比賽項目。**

- **輪椅推鉛球**

1. 輪椅運動員可於常規分組進行比賽，但鉛球重量需與所有運動員相同。

2. 請參閱第 3.2.6 節。

- **輪椅比賽主要原則**

1. 開始前，運動員的所有輪子都應位於起跑線後。

2. 各運動員計時將從起跑發令員鳴槍出現煙霧後開始，直到輪椅的所有前輪（兩輪或一輪）抵達終點線較接近一緣的垂直面瞬間為止。

3. 電動輪椅不得用於一般輪椅競賽。

4. 只有必須使用輪椅行進的運動員才能參與相關項目。

5. 比賽項目進行時，運動員不得由他人推拉輪椅或給予協助。

6.輪椅項目的跑道應為一般徑賽跑道的兩倍寬。

- **10 公尺／ 25 公尺輪椅競賽**

  1.各運動員自起跑至終點均應留在自己的跑道內，且不得干擾、阻礙或阻擋其他運動員行進。若有違規，經裁判判定，可導致取消資格。

- **30 公尺輪椅穿梭（S 型）賽**

  1.自起跑線開始，各跑道應每 5 公尺擺放一個角錐。角錐應置放於跑道中間（請見圖 3.5.2.4）。

  2.運動員應移動其輪椅，從第一個障礙物右側進入至通過終點線，且過程中不得阻擋其他運動員，才算完成全程。

  3.撞倒標的物視為犯規，將加罰三秒。

- **4×25 公尺輪椅折返接力**

  1.每隊應由四名運動員組成。每位運動員將完成 25 公尺賽程。

  2.第二、第三和第四位運動員必須等到前一位隊員輪椅的前輪通過起跑線前方 1 公尺處平行的出發線，才可離開起跑線。

3.5　電動輪椅項目一般規則

- **主要原則**

  1.這些比賽項目僅適用於電動輪椅。

  2.所有比賽的開始與結束點皆以各運動員輪椅的前兩輪為準。

  3.若運動員錯過障礙物，不須等待裁判指示，應回到錯誤的障礙物重新通過，才能繼續下一個障礙物並完成全程，否則將取消資格。也就是說，未能依規完成全程將導致取消資格。

  4.若運動員的教練（或助手）於障礙賽進行期間進入比賽場地，該運動員將取消資格。教練可於標示比賽場地外給予指導。裁判與大會工作人員不會給予任何方向指示。

  5.提交電動輪椅項目「參賽時間」成績時，應於參賽表格註明達成該成績時輪椅設定為「高速」或「低速」。

  6.各運動員計時將從起跑發令員鳴槍出現煙霧後開始，直到輪椅的前

輪抵達終點線較接近一緣的垂直面瞬間為止。

- **電動輪椅穿梭（S 型）賽**

1.各運動員的跑道將為兩個跑道寬，足以讓輪椅行進。

2.起跑線與終點線上應以 2.44 公尺間距（一般跑道的兩倍寬）放置角錐，形成四個起點門、四個終點門和四條跑道。

3.自起跑線開始，各跑道應每 5 公尺擺放一個角錐（或至少 1.22 公尺高障礙賽旗桿）。角錐應置放於跑道中間。

4.圖：30 ／ 50 公尺電動輪椅穿梭（S 型）賽

5.運動員應移動其輪椅，從第一個障礙物右側進入至通過終點線，且過程中不得阻擋其他運動員，才算完成全程。撞倒角錐視為犯規，將加罰三秒。

6.觸及／撞動角錐不須加罰。

- **25 公尺電動輪椅障礙賽場地**

1.於距起跑線 2 公尺與距終點線 2 公尺處各標示一個方格。各方格皆為 3 平方公尺。

2.在兩方格間以 3 公尺間距置放四個角錐。

3.規則：

（1）運動員開始時應面向場地。

（2）運動員於起跑線至第一個角錐間完成一個 360 度轉圈。完成後，運動員要穿行間距 3 公尺的四個角錐，然後在第四個角錐與終點線之間完成第二個 360 度轉圈。

（3）方格（3 公尺 x 3 公尺）僅用於提示運動員須完成 360 度轉圈；碰觸或壓過標線不會導致扣分和／或加時。方格可以膠帶進行標示。

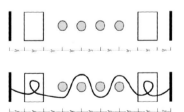

（4）撞倒標的物視為犯規，將加罰三秒。若經裁判判定，運動員明顯未嘗試穿行標的物，則可取消資格。

（5）每場比賽各賽道不得同時有超過三名運動員在場上。

3.6 輔助競走一般規則

- 運動員必須自行準備輔助器材。輔助器材可以是手杖、枴杖或助行器。
- 場地設置：
  1. 各運動員的跑道將為兩個跑道寬，足以使用輔助器材行進。
  2. 起跑線與終點線上應以 2.44 公尺間距（一般跑道的兩倍寬）放置角錐，形成四個起點門、四個終點門和四條跑道。
  3. 自起跑線開始，各跑道線上應每 5 公尺擺放一個角錐。角錐應置放於跑道線中間。
- 規則：
  1. 開始時，運動員連同步行輔具都應位於起跑線後。
  2. 運動員使用步行輔具行走。
  3. 運動員應走在自己的跑道內。
  4. 運動員不得接受他人（教練、大會工作人員等）身體協助。
  5. 各運動員計時將從起跑發令員鳴槍出現煙霧後開始，直到運動員身軀抵達終點線較接近一緣的垂直面瞬間為止。

3.7 視障與聽障運動員一般規則

- 視障運動員可使用繩索或視力正常的陪跑員進行協助。
- 陪跑員不得在運動員前方。陪跑員全程不得拉或推運動員前進。
- 若運動員同時為聽障與視障，將以肢體碰觸示意起跑。
- 陪跑員必須穿著亮橘色賽事背心，以清楚識別運動員與陪跑員。背心將由賽事籌備委員會提供。

3.8 融合運動接力賽一般規則

- 每個融合運動接力賽隊伍應由兩名運動員與兩名融合夥伴組成。

- 接力賽隊伍可自行決定跑者順序。

3.9　融合運動團體田徑賽一般規則

- 特奧融合團體田徑項目規則受管理機構國際田徑總會和特奧田徑規則所約束。融合運動田徑團體賽旨在為學校、公司、組織或團體提供團隊競賽的機會。融合運動團體田徑賽為獨立競賽項目，僅供融合運動隊伍相互競爭。此項目可單獨進行融合運動田徑賽或納入特奧田徑賽事中舉行。

- **隊員名單人數與教練**

    1. 隊員名單人數：每隊隊員不得超過 20 人。隊員名單中，運動員與融合夥伴的人數應相同。

    2. 各隊應有一名未參賽成人教練，負責競賽期間的陣容安排與隊伍管理。

- **正式比賽與參賽資格**

    1. 以下為融合團體田徑賽建議提供的項目：

    2. 徑賽

        （1）100 公尺

        （2）200 公尺

        （3）400 公尺

        （4）800 公尺

        （5）1500 公尺

    3. 田賽

        （1）推鉛球

        （2）跳遠

        （3）迷你標槍

    4. 接力賽

        （1）4×100 公尺接力

        （2）4×400 公尺接力

5. 各隊每位運動員最多可參與三項比賽項目（含接力）。

6. 各隊不必所有項目都參賽。

7. 接力項目中，各隊應由兩名特奧運動員與兩名融合夥伴組成。教練可自行決定跑者順序。

- 分組

  1. 融合運動田徑隊伍中所有特奧運動員和融合夥伴都將於所屬競賽分組中彼此競爭。這些分組將由能力相當的運動員和融合夥伴共同組成，將依據合乎標準的徑賽時間或田賽距離進行分組。

- 隊伍計分

  1. 運動員所屬融合田徑隊伍的得分，將依該運動員在各項目競賽分組中最終排名而定。第一名可得 5 分、第二名得 3 分、第三名則獲得 1 分。

  2. 此為團體競賽，所有參賽隊員為所屬隊伍贏得分數的總和為該隊總分，用於決定最終排名，分數最高者將獲得第一名。

3.10 五項運動第一項目—100 公尺

（成績單位為秒 [至小數點第二位]）

成績	分數	成績	分數	成績	分數	成績	分數
10.24	1200	10.36	1166	10.48	1133	10.60	1101
10.25	1197	10.37	1163	10.49	1130	10.61	1098
10.26	1194	10.38	1160	10.50	1128	10.62	1095
10.27	1191	10.39	1158	10.51	1125	10.63	1093
10.28	1188	10.40	1155	10.52	1122	10.64	1090
10.29	1186	10.41	1152	10.53	1120	10.65	1087
10.30	1183	10.42	1149	10.54	1117	10.66	1085
10.31	1180	10.43	1147	10.55	1114	10.67	1082
10.32	1177	10.44	1144	10.56	1111	10.68	1080
10.33	1174	10.45	1141	10.57	1109	10.69	1077
10.34	1172	10.46	1138	10.58	1106	10.70	1074
10.35	1169	10.47	1136	10.59	1103	10.71	1072

成績	分數	成績	分數	成績	分數	成績	分數
10.72	1069	11.04	988	11.36	912	11.68	840
10.73	1067	11.05	986	11.37	909	11.69	838
10.74	1064	11.06	983	11.38	907	11.70	835
10.75	1061	11.07	981	11.39	905	11.71	833
10.76	1059	11.08	978	11.40	902	11.72	831
10.77	1056	11.09	976	11.41	900	11.73	829
10.78	1054	11.10	973	11.42	898	11.74	827
10.79	1051	11.11	971	11.43	895	11.75	825
10.80	1048	11.12	968	11.44	893	11.76	823
10.81	1046	11.13	966	11.45	891	11.77	820
10.82	1043	11.14	964	11.46	889	11.78	818
10.83	1041	11.15	961	11.47	886	11.79	816
10.84	1038	11.16	959	11.48	884	11.80	814
10.85	1036	11.17	956	11.49	882	11.81	812
10.86	1033	11.18	954	11.50	880	11.82	810
10.87	1031	11.19	952	11.51	877	11.83	808
10.88	1028	11.20	949	11.52	875	11.84	806
10.89	1025	11.21	947	11.53	873	11.85	804
10.90	1023	11.22	944	11.54	871	11.86	801
10.91	1020	11.23	942	11.55	868	11.87	799
10.92	1018	11.24	940	11.56	866	11.88	797
10.93	1015	11.25	937	11.57	864	11.89	795
10.94	1013	11.26	935	11.58	862	11.90	793
10.95	1010	11.27	933	11.59	859	11.91	791
10.96	1008	11.28	930	11.60	857	11.92	789
10.97	1005	11.29	928	11.61	855	11.93	787
10.98	1003	11.30	926	11.62	853	11.94	785
10.99	1000	11.31	923	11.63	851	11.95	783
11.00	998	11.32	921	11.64	848	11.96	781
11.01	995	11.33	919	11.65	846	11.97	779
11.02	993	11.34	916	11.66	844	11.98	777
11.03	990	11.35	914	11.67	842	11.99	775

成績	分數	成績	分數	成績	分數	成績	分數
12.00	773	12.32	710	12.64	653	12.96	600
12.01	771	12.33	708	12.65	651	12.97	598
12.02	769	12.34	707	12.66	649	12.98	596
12.03	767	12.35	705	12.67	647	12.99	595
12.04	765	12.36	703	12.68	646	13.00	593
12.05	763	12.37	701	12.69	644	13.01	592
12.06	761	12.38	699	12.70	642	13.02	590
12.07	759	12.39	697	12.71	641	13.03	589
12.08	757	12.40	695	12.72	639	13.04	587
12.09	755	12.41	694	12.73	637	13.05	585
12.10	753	12.42	692	12.74	635	13.06	584
12.11	751	12.43	690	12.75	634	13.07	582
12.12	749	12.44	688	12.76	632	13.08	581
12.13	747	12.45	686	12.77	630	13.09	579
12.14	745	12.46	684	12.78	629	13.10	578
12.15	743	12.47	683	12.79	627	13.11	576
12.16	741	12.48	681	12.80	625	13.12	575
12.17	739	12.49	679	12.81	624	13.13	573
12.18	737	12.50	677	12.82	622	13.14	572
12.19	735	12.51	675	12.83	621	13.15	570
12.20	733	12.52	674	12.84	619	13.16	569
12.21	731	12.53	672	12.85	617	13.17	567
12.22	729	12.54	670	12.86	616	13.18	566
12.23	727	12.55	668	12.87	614	13.19	564
12.24	725	12.56	667	12.88	612	13.20	563
12.25	724	12.57	665	12.89	611	13.21	561
12.26	722	12.58	663	12.90	609	13.22	560
12.27	720	12.59	661	12.91	608	13.23	558
12.28	718	12.60	660	12.92	606	13.24	557
12.29	716	12.61	658	12.93	604	13.25	556
12.30	714	12.62	656	12.94	603	13.26	554
12.31	712	12.63	654	12.95	601	13.27	553

成績	分數	成績	分數	成績	分數	成績	分數
13.28	551	13.60	508	13.92	469	14.60	436
13.29	550	13.61	506	13.93	467	14.62	435
13.30	548	13.62	505	13.94	466	14.65	434
13.31	547	13.63	504	13.95	465	14.68	433
13.32	545	13.64	502	13.96	464	14.70	432
13.33	544	13.65	501	13.97	463	14.73	431
13.34	543	13.66	500	13.98	462	14.75	430
13.35	541	13.67	499	13.99	461	14.78	429
13.36	540	13.68	497	14.00	460	14.80	428
13.37	538	13.69	496	14.02	459	14.83	427
13.38	537	13.70	495	14.04	458	14.85	426
13.39	536	13.71	494	14.07	457	14.88	425
13.40	534	13.72	492	14.09	456	14.91	424
13.41	533	13.73	491	14.12	455	14.93	423
13.42	532	13.74	490	14.14	454	14.96	422
13.43	530	13.75	489	14.17	453	14.98	421
13.44	529	13.76	487	14.19	452	15.01	420
13.45	527	13.77	486	14.22	451	15.04	419
13.46	526	13.78	485	14.24	450	15.06	418
13.47	525	13.79	484	14.27	449	15.09	417
13.48	523	13.80	483	14.29	448	15.11	416
13.49	522	13.81	481	14.32	447	15.14	415
13.50	521	13.82	480	14.35	446	15.17	414
13.51	519	13.83	479	14.37	445	15.19	413
13.52	518	13.84	478	14.40	444	15.22	412
13.53	517	13.85	477	14.42	443	15.25	411
13.54	515	13.86	475	14.45	442	15.27	410
13.55	514	13.87	474	14.47	441	15.30	409
13.56	513	13.88	473	14.50	440	15.32	408
13.57	511	13.89	472	14.52	439	15.35	407
13.58	510	13.90	471	14.55	438	15.38	406
13.59	509	13.91	470	14.57	437	15.40	405

成績	分數	成績	分數	成績	分數	成績	分數
15.43	404	16.29	372	17.20	340	18.14	308
15.46	403	16.32	371	17.23	339	18.17	307
15.48	402	16.35	370	17.26	338	18.21	306
15.51	401	16.38	369	17.28	337	18.24	305
15.54	400	16.41	368	17.31	336	18.27	304
15.56	399	16.43	367	17.34	335	18.30	303
15.59	398	16.46	366	17.37	334	18.33	302
15.62	397	16.49	365	17.40	333	18.36	301
15.64	396	16.52	364	17.43	332	18.39	300
15.67	395	16.54	363	17.46	331	18.42	299
15.70	394	16.57	362	17.49	330	18.45	298
15.72	393	16.60	361	17.52	329	18.48	297
15.75	392	16.63	360	17.55	328	18.52	296
15.78	391	16.66	359	17.58	327	18.55	295
15.80	390	16.68	358	17.61	326	18.58	294
15.83	389	16.71	357	17.64	325	18.61	293
15.86	388	16.74	356	17.67	324	18.64	292
15.88	387	16.77	355	17.69	323	18.67	291
15.91	386	16.80	354	17.72	322	18.70	290
15.94	385	16.83	353	17.75	321	18.74	289
15.97	384	16.85	352	17.78	320	18.77	288
15.99	383	16.88	351	17.81	319	18.80	287
16.02	382	16.91	350	17.84	318	18.83	286
16.05	381	16.94	349	17.87	317	18.86	285
16.08	380	16.97	348	17.90	316	18.89	284
16.10	379	17.00	347	17.93	315	18.92	283
16.13	378	17.03	346	17.96	314	18.96	282
16.16	377	17.05	345	17.99	313	18.99	281
16.18	376	17.08	344	18.02	312	19.02	280
16.21	375	17.11	343	18.05	311	19.05	279
16.24	374	17.14	342	18.08	310	19.08	278
16.27	373	17.17	341	18.11	309	19.12	277

成績	分數	成績	分數	成績	分數	成績	分數
19.15	276	20.21	244	21.34	212	22.56	180
19.18	275	20.24	243	21.37	211	22.60	179
19.21	274	20.27	242	21.41	210	22.64	178
19.24	273	20.31	241	21.45	209	22.68	177
19.28	272	20.34	240	21.48	208	22.72	176
19.31	271	20.38	239	21.52	207	22.76	175
19.34	270	20.41	238	21.56	206	22.80	174
19.37	269	20.45	237	21.59	205	22.84	173
19.41	268	20.48	236	21.63	204	22.88	172
19.44	267	20.52	235	21.67	203	22.92	171
19.47	266	20.55	234	21.71	202	22.96	170
19.50	265	20.59	233	21.74	201	23.00	169
19.54	264	20.62	232	21.78	200	23.04	168
19.57	263	20.66	231	21.82	199	23.08	167
19.60	262	20.69	230	21.86	198	23.12	166
19.64	261	20.73	229	21.90	197	23.16	165
19.67	260	20.76	228	21.93	196	23.20	164
19.70	259	20.80	227	21.97	195	23.25	163
19.73	258	20.83	226	22.01	194	23.29	162
19.77	257	20.87	225	22.05	193	23.33	161
19.80	256	20.90	224	22.09	192	23.37	160
19.83	255	20.94	223	22.12	191	23.41	159
19.87	254	20.97	222	22.16	190	23.46	158
19.90	253	21.01	221	22.20	189	23.50	157
19.94	252	21.05	220	22.24	188	23.54	156
19.97	251	21.08	219	22.28	187	23.58	155
20.00	250	21.12	218	22.32	186	23.63	154
20.04	249	21.15	217	22.36	185	23.67	153
20.07	248	21.19	216	22.40	184	23.71	152
20.10	247	21.23	215	22.44	183	23.76	151
20.14	246	21.26	214	22.48	182	23.80	150
20.17	245	21.30	213	22.52	181	23.84	149

成績	分數	成績	分數	成績	分數	成績	分數
23.89	148	25.37	116	27.08	84	29.17	52
23.93	147	25.42	115	27.14	83	29.24	51
23.97	146	25.47	114	27.20	82	29.32	50
24.02	145	25.52	113	27.26	81	29.39	49
24.06	144	25.57	112	27.32	80	29.47	48
24.11	143	25.62	111	27.38	79	29.55	47
24.15	142	25.67	110	27.44	78	29.63	46
24.20	141	25.72	109	27.50	77	29.71	45
24.24	140	25.77	108	27.56	76	29.79	44
24.29	139	25.82	107	27.62	75	29.87	43
24.33	138	25.88	106	27.68	74	29.95	42
24.38	137	25.93	105	27.75	73	30.03	41
24.42	136	25.98	104	27.81	72	30.11	40
24.47	135	26.03	103	27.87	71	30.20	39
24.51	134	26.09	102	27.93	70	30.28	38
24.56	133	26.14	101	28.00	69	30.37	37
24.61	132	26.19	100	28.06	68	30.46	36
24.65	131	26.25	99	28.13	67	30.55	35
24.70	130	26.30	98	28.19	66	30.64	34
24.75	129	26.35	97	28.26	65	30.73	33
24.79	128	26.41	96	28.32	64	30.83	32
24.84	127	26.46	95	28.39	63	30.92	31
24.89	126	26.52	94	28.46	62	31.02	30
24.93	125	26.57	93	28.53	61	31.12	29
24.98	124	26.63	92	28.59	60	31.22	28
25.03	123	26.68	91	28.66	59	31.32	27
25.08	122	26.74	90	28.73	58	31.42	26
25.13	121	26.80	89	28.80	57	31.53	25
25.17	120	26.85	88	28.87	56	31.63	24
25.22	119	26.91	87	28.95	55	31.75	23
25.27	118	26.97	86	29.02	54	31.86	22
25.32	117	27.03	85	29.09	53	31.98	21

成績	分數	成績	分數	成績	分數	成績	分數
32.10	20	32.74	15	33.50	10	34.51	5
32.22	19	32.88	14	33.68	9	34.77	4
32.34	18	33.02	13	33.86	8	35.07	3
32.47	17	33.18	12	34.06	7	35.43	2
32.60	16	33.34	11	34.28	6	35.90	1

五項運動第二項目—跳遠

（成績單位為公尺．公分）

成績	分數	成績	分數	成績	分數	成績	分數
8.1	1200	7.92	1154	7.74	1110	7.56	1067
8.09	1197	7.91	1152	7.73	1108	7.55	1064
8.08	1194	7.9	1149	7.72	1105	7.54	1062
8.07	1192	7.89	1147	7.71	1103	7.53	1059
8.06	1189	7.88	1145	7.7	1100	7.52	1057
8.05	1187	7.87	1142	7.69	1098	7.51	1055
8.04	1184	7.86	1140	7.68	1096	7.5	1052
8.03	1182	7.85	1137	7.67	1093	7.49	1050
8.02	1179	7.84	1135	7.66	1091	7.48	1048
8.01	1177	7.83	1132	7.65	1088	7.47	1045
8	1174	7.82	1130	7.64	1086	7.46	1043
7.99	1172	7.81	1127	7.63	1083	7.45	1040
7.98	1169	7.8	1125	7.62	1081	7.44	1038
7.97	1167	7.79	1122	7.61	1079	7.43	1036
7.96	1164	7.78	1120	7.6	1076	7.42	1033
7.95	1162	7.77	1117	7.59	1074	7.41	1031
7.94	1159	7.76	1115	7.58	1071	7.4	1029
7.93	1157	7.75	1113	7.57	1069	7.39	1026

成績	分數	成績	分數	成績	分數	成績	分數
7.38	1024	7.1	959	6.82	896	6.54	836
7.37	1022	7.09	957	6.81	894	6.53	833
7.36	1019	7.08	955	6.8	892	6.52	831
7.35	1017	7.07	952	6.79	890	6.51	829
7.34	1015	7.06	950	6.78	888	6.5	827
7.33	1012	7.05	948	6.77	885	6.49	825
7.32	1010	7.04	946	6.76	883	6.48	823
7.31	1008	7.03	943	6.75	881	6.47	821
7.3	1005	7.02	941	6.74	879	6.46	819
7.29	1003	7.01	939	6.73	877	6.45	816
7.28	1001	7.00	937	6.72	874	6.44	814
7.27	998	6.99	934	6.71	872	6.43	812
7.26	996	6.98	932	6.7	870	6.42	810
7.25	994	6.97	930	6.69	868	6.41	808
7.24	991	6.96	928	6.68	866	6.4	806
7.23	989	6.95	925	6.67	864	6.39	804
7.22	987	6.94	923	6.66	861	6.38	802
7.21	984	6.93	921	6.65	859	6.37	800
7.2	982	6.92	919	6.64	857	6.36	797
7.19	980	6.91	916	6.63	855	6.35	795
7.18	978	6.9	914	6.62	853	6.34	793
7.17	975	6.89	912	6.61	851	6.33	791
7.16	973	6.88	910	6.6	848	6.32	789
7.15	971	6.87	907	6.59	846	6.31	787
7.14	968	6.86	905	6.58	844	6.3	785
7.13	966	6.85	903	6.57	842	6.29	783
7.12	964	6.84	901	6.56	840	6.28	781
7.11	961	6.83	899	6.55	838	6.27	779

成績	分數	成績	分數	成績	分數	成績	分數
6.26	777	5.98	720	5.7	665	5.42	612
6.25	775	5.97	718	5.69	663	5.41	610
6.24	773	5.96	716	5.68	661	5.4	608
6.23	770	5.95	714	5.67	659	5.39	606
6.22	768	5.94	712	5.66	657	5.38	604
6.21	766	5.93	710	5.65	655	5.37	603
6.2	764	5.92	708	5.64	653	5.36	601
6.19	762	5.91	706	5.63	651	5.35	599
6.18	760	5.9	704	5.62	649	5.34	597
6.17	758	5.89	702	5.61	648	5.33	595
6.16	756	5.88	700	5.6	646	5.32	593
6.15	754	5.87	698	5.59	644	5.31	591
6.14	752	5.86	696	5.58	642	5.3	590
6.13	750	5.85	694	5.57	640	5.29	588
6.12	748	5.84	692	5.56	638	5.28	586
6.11	746	5.83	690	5.55	636	5.27	584
6.1	744	5.82	688	5.54	634	5.26	582
6.09	742	5.81	686	5.53	632	5.25	581
6.08	740	5.8	684	5.52	630	5.24	579
6.07	738	5.79	682	5.51	629	5.23	577
6.06	736	5.78	680	5.5	627	5.22	575
6.05	734	5.77	678	5.49	625	5.21	573
6.04	732	5.76	676	5.48	623	5.2	572
6.03	730	5.75	674	5.47	621	5.19	570
6.02	728	5.74	673	5.46	619	5.18	568
6.01	726	5.73	671	5.45	617	5.17	566
6.00	724	5.72	669	5.44	615	5.16	564
5.99	722	5.71	667	5.43	614	5.15	563

成績	分數	成績	分數	成績	分數	成績	分數
5.14	561	4.86	512	4.58	465	4.3	419
5.13	559	4.85	510	4.57	463	4.29	418
5.12	557	4.84	508	4.56	461	4.28	416
5.11	555	4.83	507	4.55	460	4.27	415
5.1	554	4.82	505	4.54	458	4.26	413
5.09	552	4.81	503	4.53	456	4.25	412
5.08	550	4.8	501	4.52	455	4.24	410
5.07	548	4.79	500	4.51	453	4.23	408
5.06	547	4.78	498	4.5	451	4.22	407
5.05	545	4.77	496	4.49	450	4.21	405
5.04	543	4.76	495	4.48	448	4.2	404
5.03	541	4.75	493	4.47	447	4.19	402
5.02	539	4.74	491	4.46	445	4.18	401
5.01	538	4.73	490	4.45	443	4.17	399
5.00	536	4.72	488	4.44	442	4.16	398
4.99	534	4.71	486	4.43	440	4.15	396
4.98	532	4.7	484	4.42	438	4.14	394
4.97	531	4.69	483	4.41	437	4.13	393
4.96	529	4.68	481	4.4	435	4.12	391
4.95	527	4.67	479	4.39	434	4.11	390
4.94	525	4.66	478	4.38	432	4.1	388
4.93	524	4.65	476	4.37	430	4.09	387
4.92	522	4.64	474	4.36	429	4.08	385
4.91	520	4.63	473	4.35	427	4.07	384
4.9	519	4.62	471	4.34	426	4.06	382
4.89	517	4.61	469	4.33	424	4.05	381
4.88	515	4.6	468	4.32	423	4.04	379
4.87	513	4.59	466	4.31	421	4.03	378

成績	分數	成績	分數	成績	分數	成績	分數
4.02	376	3.74	335	3.46	296	3.18	258
4.01	375	3.73	334	3.45	294	3.17	257
4.00	373	3.72	332	3.44	293	3.16	256
3.99	372	3.71	331	3.43	292	3.15	254
3.98	370	3.7	329	3.42	290	3.14	253
3.97	369	3.69	328	3.41	289	3.13	252
3.96	367	3.68	326	3.4	288	3.12	251
3.95	366	3.67	325	3.39	286	3.11	249
3.94	364	3.66	324	3.38	285	3.1	248
3.93	363	3.65	322	3.37	283	3.09	247
3.92	361	3.64	321	3.36	282	3.08	246
3.91	360	3.63	319	3.35	281	3.07	244
3.9	358	3.62	318	3.34	279	3.06	243
3.89	357	3.61	316	3.33	278	3.05	242
3.88	355	3.6	315	3.32	277	3.04	240
3.87	354	3.59	314	3.31	275	3.03	239
3.86	352	3.58	312	3.3	274	3.02	238
3.85	351	3.57	311	3.29	273	3.01	237
3.84	349	3.56	309	3.28	271	3.00	235
3.83	348	3.55	308	3.27	270	2.99	234
3.82	347	3.54	307	3.26	269	2.98	233
3.81	345	3.53	305	3.25	268	2.97	232
3.8	344	3.52	304	3.24	266	2.96	230
3.79	342	3.51	303	3.23	265	2.95	229
3.78	341	3.5	301	3.22	264	2.94	228
3.77	339	3.49	300	3.21	262	2.93	227
3.76	338	3.48	298	3.2	261	2.92	225
3.75	336	3.47	297	3.19	260	2.91	224

成績	分數	成績	分數	成績	分數	成績	分數
2.9	223	2.62	190	2.34	158	2.06	129
2.89	222	2.61	188	2.33	157	2.05	128
2.88	221	2.6	187	2.32	156	2.04	127
2.87	219	2.59	186	2.31	155	2.03	126
2.86	218	2.58	185	2.3	154	2.02	125
2.85	217	2.57	184	2.29	153	2.01	124
2.84	216	2.56	183	2.28	152	2.00	123
2.83	215	2.55	182	2.27	151	1.99	122
2.82	213	2.54	180	2.26	150	1.98	121
2.81	212	2.53	179	2.25	149	1.97	120
2.8	211	2.52	178	2.24	147	1.96	119
2.79	210	2.51	177	2.23	146	1.95	118
2.78	208	2.5	176	2.22	145	1.94	117
2.77	207	2.49	175	2.21	144	1.93	116
2.76	206	2.48	174	2.2	143	1.92	115
2.75	205	2.47	173	2.19	142	1.91	114
2.74	204	2.46	171	2.18	141	1.9	113
2.73	203	2.45	170	2.17	140	1.89	112
2.72	201	2.44	169	2.16	139	1.88	111
2.71	200	2.43	168	2.15	138	1.87	110
2.7	199	2.42	167	2.14	137	1.86	109
2.69	198	2.41	166	2.13	136	1.85	108
2.68	197	2.4	165	2.12	135	1.84	107
2.67	195	2.39	164	2.11	134	1.83	106
2.66	194	2.38	163	2.1	133	1.82	105
2.65	193	2.37	161	2.09	132	1.81	104
2.64	192	2.36	160	2.08	131	1.8	103
2.63	191	2.35	159	2.07	130	1.79	102

成績	分數	成績	分數	成績	分數	成績	分數
1.78	101	1.59	84	1.4	67	1.19	50
1.77	100	1.58	83	1.39	66	1.18	49
1.76	99	1.57	82	1.37	65	1.17	48
1.75	98	1.56	81	1.36	64	1.15	47
1.73	97	1.55	80	1.35	63	1.14	46
1.72	96	1.54	79	1.34	62	1.13	45
1.71	95	1.53	78	1.33	61	1.12	44
1.7	94	1.51	77	1.31	60	1.1	43
1.69	93	1.5	76	1.3	59	1.09	42
1.68	92	1.49	75	1.29	58	1.08	41
1.67	91	1.48	74	1.28	57	1.06	40
1.66	90	1.47	73	1.27	56	1.05	39
1.65	89	1.46	72	1.25	55	1.04	38
1.64	88	1.45	71	1.24	54	1.03	37
1.63	87	1.43	70	1.23	53	1.01	36
1.61	86	1.42	69	1.22	52	1.00	35
1.6	85	1.41	68	1.2	51		

五項運動第三項目一推鉛球

（成績單位為公尺．公分）

成績	分數	成績	分數	成績	分數	成績	分數
20.40	1200	20.03	1174	19.65	1148	19.27	1122
20.39	1199	20.01	1173	19.64	1147	19.26	1121
20.38	1198	20.00	1172	19.62	1146	19.24	1120
20.36	1197	19.98	1171	19.61	1145	19.23	1119
20.35	1196	19.97	1170	19.59	1144	19.21	1118
20.33	1195	19.96	1169	19.58	1143	19.20	1117
20.32	1194	19.94	1168	19.56	1142	19.18	1116
20.30	1193	19.93	1167	19.55	1141	19.17	1115
20.29	1192	19.91	1166	19.53	1140	19.15	1114
20.27	1191	19.90	1165	19.52	1139	19.14	1113
20.26	1190	19.88	1164	19.50	1138	19.12	1112
20.25	1189	19.87	1163	19.49	1137	19.11	1111
20.23	1188	19.85	1162	19.48	1136	19.09	1110
20.22	1187	19.84	1161	19.46	1135	19.08	1109
20.20	1186	19.83	1160	19.45	1134	19.07	1108
20.19	1185	19.81	1159	19.43	1133	19.05	1107
20.17	1184	19.80	1158	19.42	1132	19.04	1106
20.16	1183	19.78	1157	19.40	1131	19.02	1105
20.14	1182	19.77	1156	19.39	1130	19.01	1104
20.13	1181	19.75	1155	19.37	1129	18.99	1103
20.12	1180	19.74	1154	19.36	1128	18.98	1102
20.10	1179	19.72	1153	19.34	1127	18.96	1101
20.09	1178	19.71	1152	19.33	1126	18.95	1100
20.07	1177	19.69	1151	19.31	1125	18.93	1099
20.06	1176	19.68	1150	19.30	1124	18.92	1098
20.04	1175	19.66	1149	19.29	1123	18.90	1097

成績	分數	成績	分數	成績	分數	成績	分數
18.89	1096	18.48	1068	18.06	1040	17.64	1012
18.87	1095	18.46	1067	18.05	1039	17.63	1011
18.86	1094	18.45	1066	18.03	1038	17.61	1010
18.84	1093	18.43	1065	18.02	1037	17.60	1009
18.83	1092	18.42	1064	18.00	1036	17.58	1008
18.82	1091	18.40	1063	17.99	1035	17.57	1007
18.80	1090	18.39	1062	17.97	1034	17.55	1006
18.79	1089	18.37	1061	17.96	1033	17.54	1005
18.77	1088	18.36	1060	17.94	1032	17.52	1004
18.76	1087	18.34	1059	17.93	1031	17.51	1003
18.74	1086	18.33	1058	17.91	1030	17.49	1002
18.73	1085	18.31	1057	17.90	1029	17.48	1001
18.71	1084	18.30	1056	17.88	1028	17.46	1000
18.70	1083	18.28	1055	17.87	1027	17.45	999
18.68	1082	18.27	1054	17.85	1026	17.43	998
18.67	1081	18.25	1053	17.84	1025	17.42	997
18.65	1080	18.24	1052	17.82	1024	17.40	996
18.64	1079	18.22	1051	17.81	1023	17.39	995
18.62	1078	18.21	1050	17.79	1022	17.37	994
18.61	1077	18.19	1049	17.78	1021	17.36	993
18.59	1076	18.18	1048	17.76	1020	17.34	992
18.58	1075	18.16	1047	17.75	1019	17.33	991
18.56	1074	18.15	1046	17.73	1018	17.31	990
18.55	1073	18.14	1045	17.72	1017	17.30	989
18.54	1072	18.12	1044	17.70	1016	17.28	988
18.52	1071	18.11	1043	17.69	1015	17.27	987
18.51	1070	18.09	1042	17.67	1014	17.25	986
18.49	1069	18.08	1041	17.66	1013	17.24	985

成績	分數	成績	分數	成績	分數	成績	分數
17.22	984	16.80	956	16.38	928	15.95	900
17.21	983	16.78	955	16.36	927	15.93	899
17.19	982	16.77	954	16.35	926	15.92	898
17.18	981	16.75	953	16.33	925	15.90	897
17.16	980	16.74	952	16.32	924	15.89	896
17.15	979	16.72	951	16.30	923	15.87	895
17.13	978	16.71	950	16.29	922	15.86	894
17.12	977	16.69	949	16.27	921	15.84	893
17.10	976	16.68	948	16.25	920	15.83	892
17.09	975	16.66	947	16.24	919	15.81	891
17.07	974	16.65	946	16.22	918	15.80	890
17.06	973	16.63	945	16.21	917	15.78	889
17.04	972	16.62	944	16.19	916	15.77	888
17.03	971	16.60	943	16.18	915	15.75	887
17.01	970	16.59	942	16.16	914	15.74	886
17.00	969	16.57	941	16.15	913	15.72	885
16.98	968	16.56	940	16.13	912	15.71	884
16.97	967	16.54	939	16.12	911	15.69	883
16.95	966	16.53	938	16.10	910	15.67	882
16.94	965	16.51	937	16.09	909	15.66	881
16.92	964	16.50	936	16.07	908	15.64	880
16.91	963	16.48	935	16.06	907	15.63	879
16.89	962	16.47	934	16.04	906	15.61	878
16.88	961	16.45	933	16.03	905	15.60	877
16.86	960	16.44	932	16.01	904	15.58	876
16.85	959	16.42	931	16.00	903	15.57	875
16.83	958	16.41	930	15.98	902	15.55	874
16.82	957	16.39	929	15.97	901	15.54	873

成績	分數	成績	分數	成績	分數	成績	分數
15.52	872	15.09	844	14.66	816	14.22	788
15.51	871	15.08	843	14.64	815	14.21	787
15.49	870	15.06	842	14.63	814	14.19	786
15.48	869	15.04	841	14.61	813	14.18	785
15.46	868	15.03	840	14.60	812	14.16	784
15.44	867	15.01	839	14.58	811	14.15	783
15.43	866	15.00	838	14.57	810	14.13	782
15.41	865	14.98	837	14.55	809	14.11	781
15.40	864	14.97	836	14.54	808	14.10	780
15.38	863	14.95	835	14.52	807	14.08	779
15.37	862	14.94	834	14.50	806	14.07	778
15.35	861	14.92	833	14.49	805	14.05	777
15.34	860	14.91	832	14.47	804	14.04	776
15.32	859	14.89	831	14.46	803	14.02	775
15.31	858	14.87	830	14.44	802	14.01	774
15.29	857	14.86	829	14.43	801	13.99	773
15.28	856	14.84	828	14.41	800	13.97	772
15.26	855	14.83	827	14.40	799	13.96	771
15.24	854	14.81	826	14.38	798	13.94	770
15.23	853	14.80	825	14.36	797	13.93	769
15.21	852	14.78	824	14.35	796	13.91	768
15.20	851	14.77	823	14.33	795	13.90	767
15.18	850	14.75	822	14.32	794	13.88	766
15.17	849	14.74	821	14.30	793	13.86	765
15.15	848	14.72	820	14.29	792	13.85	764
15.14	847	14.71	819	14.27	791	13.83	763
15.12	846	14.69	818	14.26	790	13.82	762
15.11	845	14.68	817	14.24	789	13.80	761

成績	分數	成績	分數	成績	分數	成績	分數
13.79	760	13.34	732	12.90	704	12.46	676
13.77	759	13.33	731	12.89	703	12.44	675
13.75	758	13.31	730	12.87	702	12.42	674
13.74	757	13.30	729	12.85	701	12.41	673
13.72	756	13.28	728	12.84	700	12.39	672
13.71	755	13.27	727	12.82	699	12.38	671
13.69	754	13.25	726	12.81	698	12.36	670
13.68	753	13.23	725	12.79	697	12.34	669
13.66	752	13.22	724	12.77	696	12.33	668
13.64	751	13.20	723	12.76	695	12.31	667
13.63	750	13.19	722	12.74	694	12.30	666
13.61	749	13.17	721	12.73	693	12.28	665
13.60	748	13.16	720	12.71	692	12.26	664
13.58	747	13.14	719	12.69	691	12.25	663
13.57	746	13.12	718	12.68	690	12.23	662
13.55	745	13.11	717	12.66	689	12.22	661
13.53	744	13.09	716	12.65	688	12.20	660
13.52	743	13.08	715	12.63	687	12.18	659
13.50	742	13.06	714	12.62	686	12.17	658
13.49	741	13.04	713	12.60	685	12.15	657
13.47	740	13.03	712	12.58	684	12.14	656
13.46	739	13.01	711	12.57	683	12.12	655
13.44	738	13.00	710	12.55	682	12.10	654
13.42	737	12.98	709	12.54	681	12.09	653
13.41	736	12.97	708	12.52	680	12.07	652
13.39	735	12.95	707	12.50	679	12.06	651
13.38	734	12.93	706	12.49	678	12.04	650
13.36	733	12.92	705	12.47	677	12.02	649

成績	分數	成績	分數	成績	分數	成績	分數
12.01	648	11.56	620	11.10	592	10.64	564
11.99	647	11.54	619	11.09	591	10.63	563
11.97	646	11.52	618	11.07	590	10.61	562
11.96	645	11.51	617	11.05	589	10.60	561
11.94	644	11.49	616	11.04	588	10.58	560
11.93	643	11.47	615	11.02	587	10.56	559
11.91	642	11.46	614	11.00	586	10.55	558
11.89	641	11.44	613	10.99	585	10.53	557
11.88	640	11.43	612	10.97	584	10.51	556
11.86	639	11.41	611	10.95	583	10.50	555
11.85	638	11.39	610	10.94	582	10.48	554
11.83	637	11.38	609	10.92	581	10.46	553
11.81	636	11.36	608	10.91	580	10.45	552
11.80	635	11.35	607	10.89	579	10.43	551
11.78	634	11.33	606	10.87	578	10.42	550
11.77	633	11.31	605	10.86	577	10.40	549
11.75	632	11.30	604	10.84	576	10.38	548
11.73	631	11.28	603	10.82	575	10.37	547
11.72	630	11.26	602	10.81	574	10.35	546
11.70	629	11.25	601	10.79	573	10.33	545
11.68	628	11.23	600	10.78	572	10.32	544
11.67	627	11.22	599	10.76	571	10.30	543
11.65	626	11.20	598	10.74	570	10.28	542
11.64	625	11.18	597	10.73	569	10.27	541
11.62	624	11.17	596	10.71	568	10.25	540
11.60	623	11.15	595	10.69	567	10.23	539
11.59	622	11.13	594	10.68	566	10.22	538
11.57	621	11.12	593	10.66	565	10.20	537

成績	分數	成績	分數	成績	分數	成績	分數
10.18	536	9.72	508	9.26	480	8.79	452
10.17	535	9.71	507	9.24	479	8.77	451
10.15	534	9.69	506	9.22	478	8.75	450
10.14	533	9.67	505	9.21	477	8.74	449
10.12	532	9.66	504	9.19	476	8.72	448
10.10	531	9.64	503	9.17	475	8.70	447
10.09	530	9.62	502	9.16	474	8.69	446
10.07	529	9.61	501	9.14	473	8.67	445
10.05	528	9.59	500	9.12	472	8.65	444
10.04	527	9.57	499	9.11	471	8.64	443
10.02	526	9.56	498	9.09	470	8.62	442
10.00	525	9.54	497	9.07	469	8.60	441
9.99	524	9.52	496	9.06	468	8.59	440
9.97	523	9.51	495	9.04	467	8.57	439
9.95	522	9.49	494	9.02	466	8.55	438
9.94	521	9.47	493	9.01	465	8.54	437
9.92	520	9.46	492	8.99	464	8.52	436
9.90	519	9.44	491	8.97	463	8.50	435
9.89	518	9.42	490	8.96	462	8.48	434
9.87	517	9.41	489	8.94	461	8.47	433
9.85	516	9.39	488	8.92	460	8.45	432
9.84	515	9.37	487	8.91	459	8.43	431
9.82	514	9.36	486	8.89	458	8.42	430
9.80	513	9.34	485	8.87	457	8.40	429
9.79	512	9.32	484	8.85	456	8.38	428
9.77	511	9.31	483	8.84	455	8.37	427
9.76	510	9.29	482	8.82	454	8.35	426
9.74	509	9.27	481	8.80	453	8.33	425

成績	分數	成績	分數	成績	分數	成績	分數
8.32	424	7.84	396	7.36	368	6.88	340
8.30	423	7.82	395	7.35	367	6.86	339
8.28	422	7.81	394	7.33	366	6.85	338
8.26	421	7.79	393	7.31	365	6.83	337
8.25	420	7.77	392	7.29	364	6.81	336
8.23	419	7.76	391	7.28	363	6.79	335
8.21	418	7.74	390	7.26	362	6.78	334
8.20	417	7.72	389	7.24	361	6.76	333
8.18	416	7.70	388	7.23	360	6.74	332
8.16	415	7.69	387	7.21	359	6.73	331
8.15	414	7.67	386	7.19	358	6.71	330
8.13	413	7.65	385	7.17	357	6.69	329
8.11	412	7.64	384	7.16	356	6.67	328
8.10	411	7.62	383	7.14	355	6.66	327
8.08	410	7.60	382	7.12	354	6.64	326
8.06	409	7.58	381	7.10	353	6.62	325
8.04	408	7.57	380	7.09	352	6.60	324
8.03	407	7.55	379	7.07	351	6.59	323
8.01	406	7.53	378	7.05	350	6.57	322
7.99	405	7.52	377	7.04	349	6.55	321
7.98	404	7.50	376	7.02	348	6.53	320
7.96	403	7.48	375	7.00	347	6.52	319
7.94	402	7.47	374	6.98	346	6.50	318
7.93	401	7.45	373	6.97	345	6.48	317
7.91	400	7.43	372	6.95	344	6.47	316
7.89	399	7.41	371	6.93	343	6.45	315
7.87	398	7.40	370	6.92	342	6.43	314
7.86	397	7.38	369	6.90	341	6.41	313

成績	分數	成績	分數	成績	分數	成績	分數
6.40	312	5.91	284	5.42	256	4.92	228
6.38	311	5.89	283	5.40	255	4.90	227
6.36	310	5.87	282	5.38	254	4.88	226
6.34	309	5.85	281	5.36	253	4.87	225
6.33	308	5.84	280	5.35	252	4.85	224
6.31	307	5.82	279	5.33	251	4.83	223
6.29	306	5.80	278	5.31	250	4.81	222
6.27	305	5.78	277	5.29	249	4.80	221
6.26	304	5.77	276	5.27	248	4.78	220
6.24	303	5.75	275	5.26	247	4.76	219
6.22	302	5.73	274	5.24	246	4.74	218
6.20	301	5.71	273	5.22	245	4.72	217
6.19	300	5.70	272	5.20	244	4.71	216
6.17	299	5.68	271	5.19	243	4.69	215
6.15	298	5.66	270	5.17	242	4.67	214
6.13	297	5.64	269	5.15	241	4.65	213
6.12	296	5.63	268	5.13	240	4.64	212
6.10	295	5.61	267	5.12	239	4.62	211
6.08	294	5.59	266	5.10	238	4.60	210
6.06	293	5.57	265	5.08	237	4.58	209
6.05	292	5.56	264	5.06	236	4.56	208
6.03	291	5.54	263	5.04	235	4.55	207
6.01	290	5.52	262	5.03	234	4.53	206
5.99	289	5.50	261	5.01	233	4.51	205
5.98	288	5.49	260	4.99	232	4.49	204
5.96	287	5.47	259	4.97	231	4.47	203
5.94	286	5.45	258	4.96	230	4.46	202
5.93	285	5.43	257	4.94	229	4.44	201

成績	分數	成績	分數	成績	分數	成績	分數
4.42	200	3.92	172	3.41	144	2.90	116
4.40	199	3.90	171	3.39	143	2.88	115
4.39	198	3.88	170	3.38	142	2.86	114
4.37	197	3.86	169	3.36	141	2.85	113
4.35	196	3.85	168	3.34	140	2.83	112
4.33	195	3.83	167	3.32	139	2.81	111
4.31	194	3.81	166	3.30	138	2.79	110
4.30	193	3.79	165	3.28	137	2.77	109
4.28	192	3.77	164	3.27	136	2.75	108
4.26	191	3.76	163	3.25	135	2.74	107
4.24	190	3.74	162	3.23	134	2.72	106
4.22	189	3.72	161	3.21	133	2.70	105
4.21	188	3.70	160	3.19	132	2.68	104
4.19	187	3.68	159	3.17	131	2.66	103
4.17	186	3.67	158	3.16	130	2.64	102
4.15	185	3.65	157	3.14	129	2.63	101
4.13	184	3.63	156	3.12	128	2.61	100
4.12	183	3.61	155	3.10	127	2.59	99
4.10	182	3.59	154	3.08	126	2.57	98
4.08	181	3.57	153	3.07	125	2.55	97
4.06	180	3.56	152	3.05	124	2.53	96
4.04	179	3.54	151	3.03	123	2.52	95
4.03	178	3.52	150	3.01	122	2.50	94
4.01	177	3.50	149	2.99	121	2.48	93
3.99	176	3.48	148	2.97	120	2.46	92
3.97	175	3.47	147	2.96	119	2.44	91
3.95	174	3.45	146	2.94	118	2.42	90
3.94	173	3.43	145	2.92	117	2.40	89

成績	分數	成績	分數	成績	分數	成績	分數
2.39	88	1.98	66	1.57	44	1.16	22
2.37	87	1.96	65	1.55	43	1.14	21
2.35	86	1.94	64	1.53	42	1.12	20
2.33	85	1.92	63	1.51	41	1.10	19
2.31	84	1.90	62	1.49	40	1.08	18
2.29	83	1.89	61	1.47	39	1.06	17
2.28	82	1.87	60	1.46	38	1.04	16
2.26	81	1.85	59	1.44	37	1.02	15
2.24	80	1.83	58	1.42	36	1.01	14
2.22	79	1.81	57	1.40	35	0.99	13
2.20	78	1.79	56	1.38	34	0.97	12
2.18	77	1.77	55	1.36	33	0.95	11
2.16	76	1.75	54	1.34	32	0.93	10
2.15	75	1.74	53	1.32	31	0.91	9
2.13	74	1.72	52	1.31	30	0.89	8
2.11	73	1.70	51	1.29	29	0.87	7
2.09	72	1.68	50	1.27	28	0.85	6
2.07	71	1.66	49	1.25	27	0.84	5
2.05	70	1.64	48	1.23	26	0.82	4
2.03	69	1.62	47	1.21	25	0.80	3
2.01	68	1.61	46	1.19	24	0.78	2
2.00	67	1.59	45	1.17	23	0.76	1

五項運動第四項目一跳高

（成績單位為公尺．公分）

成績	分數	成績	分數	成績	分數	成績	分數
2.29	1200	2.04	982	1.79	775	1.54	579
2.28	1191	2.03	973	1.78	767	1.53	572
2.27	1182	2.02	965	1.77	759	1.52	564
2.26	1173	2.01	957	1.76	751	1.51	556
2.25	1164	2.00	948	1.75	743	1.50	549
2.24	1155	1.99	940	1.74	735	1.49	541
2.23	1146	1.98	931	1.73	727	1.48	534
2.22	1138	1.97	923	1.72	719	1.47	526
2.21	1129	1.96	915	1.71	711	1.46	519
2.20	1120	1.95	906	1.70	703	1.45	511
2.19	1111	1.94	898	1.69	695	1.44	504
2.18	1102	1.93	890	1.68	688	1.43	497
2.17	1094	1.92	881	1.67	680	1.42	489
2.16	1085	1.91	873	1.66	672	1.41	482
2.15	1076	1.90	865	1.65	664	1.40	474
2.14	1068	1.89	857	1.64	656	1.39	467
2.13	1059	1.88	848	1.63	649	1.38	460
2.12	1050	1.87	840	1.62	641	1.37	452
2.11	1042	1.86	832	1.61	633	1.36	445
2.10	1033	1.85	824	1.60	625	1.35	438
2.09	1025	1.84	816	1.59	618	1.34	430
2.08	1016	1.83	808	1.58	610	1.33	423
2.07	1007	1.82	799	1.57	602	1.32	416
2.06	999	1.81	791	1.56	595	1.31	409
2.05	990	1.80	783	1.55	587	1.30	401

成績	分數	成績	分數	成績	分數	成績	分數
1.29	394	1.19	323	1.09	254	0.99	187
1.28	387	1.18	316	1.08	247	0.98	180
1.27	380	1.17	309	1.07	240	0.97	173
1.26	373	1.16	302	1.06	234	0.96	167
1.25	366	1.15	295	1.05	227	0.95	160
1.24	359	1.14	288	1.04	220	0.94	153
1.23	351	1.13	282	1.03	213	0.93	147
1.22	344	1.12	275	1.02	207	0.92	140
1.21	337	1.11	268	1.01	200	0.91	134
1.20	330	1.10	261	1.00	193	0.90	127

五項運動第五項目—400 公尺

（成績單位為秒 [至小數點第二位]）

成績	分數	成績	分數	成績	分數	成績	分數
45.40	1200	45.62	1188	45.85	1176	46.08	1164
45.41	1199	45.64	1187	45.87	1175	46.10	1163
45.43	1198	45.66	1186	45.89	1174	46.12	1162
45.45	1197	45.68	1185	45.91	1173	46.14	1161
45.47	1196	45.70	1184	45.93	1172	46.16	1160
45.49	1195	45.72	1183	45.95	1171	46.18	1159
45.51	1194	45.74	1182	45.97	1170	46.20	1158
45.53	1193	45.76	1181	45.99	1169	46.22	1157
45.55	1192	45.78	1180	46.01	1168	46.24	1156
45.57	1191	45.79	1179	46.02	1167	46.26	1155
45.58	1190	45.81	1178	46.04	1166	46.28	1154
45.60	1189	45.83	1177	46.06	1165	46.29	1153

成績	分數	成績	分數	成績	分數	成績	分數
46.31	1152	46.86	1124	47.41	1096	47.98	1068
46.33	1151	46.88	1123	47.43	1095	48.00	1067
46.35	1150	46.90	1122	47.45	1094	48.02	1066
46.37	1149	46.92	1121	47.47	1093	48.04	1065
46.39	1148	46.94	1120	47.49	1092	48.06	1064
46.41	1147	46.96	1119	47.51	1091	48.08	1063
46.43	1146	46.98	1118	47.53	1090	48.10	1062
46.45	1145	47.00	1117	47.55	1089	48.12	1061
46.47	1144	47.02	1116	47.57	1088	48.14	1060
46.49	1143	47.04	1115	47.59	1087	48.16	1059
46.51	1142	47.06	1114	47.61	1086	48.18	1058
46.53	1141	47.08	1113	47.63	1085	48.20	1057
46.55	1140	47.10	1112	47.65	1084	48.22	1056
46.57	1139	47.12	1111	47.67	1083	48.24	1055
46.59	1138	47.14	1110	47.69	1082	48.26	1054
46.61	1137	47.16	1109	47.71	1081	48.28	1053
46.62	1136	47.18	1108	47.73	1080	48.30	1052
46.64	1135	47.20	1107	47.75	1079	48.32	1051
46.66	1134	47.22	1106	47.77	1078	48.34	1050
46.68	1133	47.23	1105	47.79	1077	48.36	1049
46.70	1132	47.25	1104	47.81	1076	48.38	1048
46.72	1131	47.27	1103	47.83	1075	48.40	1047
46.74	1130	47.29	1102	47.85	1074	48.42	1046
46.76	1129	47.31	1101	47.87	1073	48.44	1045
46.78	1128	47.33	1100	47.90	1072	48.46	1044
46.80	1127	47.35	1099	47.92	1071	48.49	1043
46.82	1126	47.37	1098	47.94	1070	48.51	1042
46.84	1125	47.39	1097	47.96	1069	48.53	1041

成績	分數	成績	分數	成績	分數	成績	分數
48.55	1040	49.13	1012	49.72	984	50.31	956
48.57	1039	49.15	1011	49.74	983	50.34	955
48.59	1038	49.17	1010	49.76	982	50.36	954
48.61	1037	49.19	1009	49.78	981	50.38	953
48.63	1036	49.21	1008	49.80	980	50.40	952
48.65	1035	49.23	1007	49.82	979	50.42	951
48.67	1034	49.25	1006	49.84	978	50.44	950
48.69	1033	49.27	1005	49.86	977	50.47	949
48.71	1032	49.29	1004	49.89	976	50.49	948
48.73	1031	49.31	1003	49.91	975	50.51	947
48.75	1030	49.34	1002	49.93	974	50.53	946
48.77	1029	49.36	1001	49.95	973	50.55	945
48.79	1028	49.38	1000	49.97	972	50.57	944
48.81	1027	49.40	999	49.99	971	50.60	943
48.84	1026	49.42	998	50.01	970	50.62	942
48.86	1025	49.44	997	50.04	969	50.64	941
48.88	1024	49.46	996	50.06	968	50.66	940
48.90	1023	49.48	995	50.08	967	50.68	939
48.92	1022	49.50	994	50.10	966	50.70	938
48.94	1021	49.52	993	50.12	965	50.73	937
48.96	1020	49.55	992	50.14	964	50.75	936
48.98	1019	49.57	991	50.16	963	50.77	935
49.00	1018	49.59	990	50.19	962	50.79	934
49.02	1017	49.61	989	50.21	961	50.81	933
49.04	1016	49.63	988	50.23	960	50.84	932
49.06	1015	49.65	987	50.25	959	50.86	931
49.08	1014	49.67	986	50.27	958	50.88	930
49.11	1013	49.69	985	50.29	957	50.90	929

成績	分數	成績	分數	成績	分數	成績	分數
50.92	928	51.54	900	52.18	872	52.82	844
50.95	927	51.57	899	52.20	871	52.84	843
50.97	926	51.59	898	52.22	870	52.87	842
50.99	925	51.61	897	52.24	869	52.89	841
51.01	924	51.63	896	52.27	868	52.91	840
51.03	923	51.66	895	52.29	867	52.94	839
51.06	922	51.68	894	52.31	866	52.96	838
51.08	921	51.70	893	52.34	865	52.98	837
51.10	920	51.72	892	52.36	864	53.01	836
51.12	919	51.75	891	52.38	863	53.03	835
51.14	918	51.77	890	52.40	862	53.05	834
51.17	917	51.79	889	52.43	861	53.08	833
51.19	916	51.81	888	52.45	860	53.10	832
51.21	915	51.84	887	52.47	859	53.12	831
51.23	914	51.86	886	52.50	858	53.15	830
51.25	913	51.88	885	52.52	857	53.17	829
51.28	912	51.90	884	52.54	856	53.19	828
51.30	911	51.93	883	52.57	855	53.22	827
51.32	910	51.95	882	52.59	854	53.24	826
51.34	909	51.97	881	52.61	853	53.27	825
51.37	908	51.99	880	52.64	852	53.29	824
51.39	907	52.02	879	52.66	851	53.31	823
51.41	906	52.04	878	52.68	850	53.34	822
51.43	905	52.06	877	52.70	849	53.36	821
51.45	904	52.09	876	52.73	848	53.38	820
51.48	903	52.11	875	52.75	847	53.41	819
51.50	902	52.13	874	52.77	846	53.43	818
51.52	901	52.15	873	52.80	845	53.45	817

成績	分數	成績	分數	成績	分數	成績	分數
53.48	816	54.15	788	54.84	760	55.54	732
53.50	815	54.17	787	54.86	759	55.56	731
53.53	814	54.20	786	54.88	758	55.59	730
53.55	813	54.22	785	54.91	757	55.61	729
53.57	812	54.25	784	54.93	756	55.64	728
53.60	811	54.27	783	54.96	755	55.66	727
53.62	810	54.29	782	54.98	754	55.69	726
53.64	809	54.32	781	55.01	753	55.71	725
53.67	808	54.34	780	55.03	752	55.74	724
53.69	807	54.37	779	55.06	751	55.77	723
53.72	806	54.39	778	55.08	750	55.79	722
53.74	805	54.42	777	55.11	749	55.82	721
53.76	804	54.44	776	55.13	748	55.84	720
53.79	803	54.47	775	55.16	747	55.87	719
53.81	802	54.49	774	55.18	746	55.89	718
53.84	801	54.51	773	55.21	745	55.92	717
53.86	800	54.54	772	55.23	744	55.95	716
53.88	799	54.56	771	55.26	743	55.97	715
53.91	798	54.59	770	55.28	742	56.00	714
53.93	797	54.61	769	55.31	741	56.02	713
53.96	796	54.64	768	55.33	740	56.05	712
53.98	795	54.66	767	55.36	739	56.07	711
54.00	794	54.69	766	55.38	738	56.10	710
54.03	793	54.71	765	55.41	737	56.13	709
54.05	792	54.74	764	55.44	736	56.15	708
54.08	791	54.76	763	55.46	735	56.18	707
54.10	790	54.79	762	55.49	734	56.20	706
54.12	789	54.81	761	55.51	733	56.23	705

成績	分數	成績	分數	成績	分數	成績	分數
56.26	704	56.99	676	57.75	648	58.53	620
56.28	703	57.02	675	57.78	647	58.55	619
56.31	702	57.05	674	57.80	646	58.58	618
56.33	701	57.07	673	57.83	645	58.61	617
56.36	700	57.10	672	57.86	644	58.64	616
56.39	699	57.13	671	57.89	643	58.67	615
56.41	698	57.15	670	57.91	642	58.70	614
56.44	697	57.18	669	57.94	641	58.72	613
56.46	696	57.21	668	57.97	640	58.75	612
56.49	695	57.23	667	58.00	639	58.78	611
56.52	694	57.26	666	58.02	638	58.81	610
56.54	693	57.29	665	58.05	637	58.84	609
56.57	692	57.31	664	58.08	636	58.87	608
56.60	691	57.34	663	58.11	635	58.90	607
56.62	690	57.37	662	58.13	634	58.92	606
56.65	689	57.39	661	58.16	633	58.95	605
56.67	688	57.42	660	58.19	632	58.98	604
56.70	687	57.45	659	58.22	631	59.01	603
56.73	686	57.48	658	58.25	630	59.04	602
56.75	685	57.50	657	58.27	629	59.07	601
56.78	684	57.53	656	58.30	628	59.10	600
56.81	683	57.56	655	58.33	627	59.13	599
56.83	682	57.58	654	58.36	626	59.15	598
56.86	681	57.61	653	58.39	625	59.18	597
56.89	680	57.64	652	58.41	624	59.21	596
56.91	679	57.67	651	58.44	623	59.24	595
56.94	678	57.69	650	58.47	622	59.27	594
56.97	677	57.72	649	58.50	621	59.30	593

成績	分數	成績	分數	成績	分數	成績	分數
59.33	592	60.15	564	61.01	536	61.89	508
59.36	591	60.18	563	61.04	535	61.93	507
59.39	590	60.21	562	61.07	534	61.96	506
59.41	589	60.24	561	61.10	533	61.99	505
59.44	588	60.27	560	61.13	532	62.02	504
59.47	587	60.30	559	61.16	531	62.06	503
59.50	586	60.33	558	61.20	530	62.09	502
59.53	585	60.37	557	61.23	529	62.12	501
59.56	584	60.40	556	61.26	528	62.15	500
59.59	583	60.43	555	61.29	527	62.19	499
59.62	582	60.46	554	61.32	526	62.22	498
59.65	581	60.49	553	61.35	525	62.25	497
59.68	580	60.52	552	61.38	524	62.28	496
59.71	579	60.55	551	61.42	523	62.32	495
59.74	578	60.58	550	61.45	522	62.35	494
59.77	577	60.61	549	61.48	521	62.38	493
59.80	576	60.64	548	61.51	520	62.42	492
59.83	575	60.67	547	61.54	519	62.45	491
59.86	574	60.70	546	61.57	518	62.48	490
59.89	573	60.73	545	61.61	517	62.52	489
59.92	572	60.76	544	61.64	516	62.55	488
59.94	571	60.79	543	61.67	515	62.58	487
59.97	570	60.82	542	61.70	514	62.61	486
60.00	569	60.85	541	61.73	513	62.65	485
60.03	568	60.88	540	61.77	512	62.68	484
60.06	567	60.92	539	61.80	511	62.71	483
60.09	566	60.95	538	61.83	510	62.75	482
60.12	565	60.98	537	61.86	509	62.78	481

成績	分數	成績	分數	成績	分數	成績	分數
62.81	480	63.77	452	64.78	424	65.84	396
62.85	479	63.81	451	64.82	423	65.87	395
62.88	478	63.84	450	64.85	422	65.91	394
62.92	477	63.88	449	64.89	421	65.95	393
62.95	476	63.92	448	64.93	420	65.99	392
62.98	475	63.95	447	64.96	419	66.03	391
63.02	474	63.99	446	65.00	418	66.07	390
63.05	473	64.02	445	65.04	417	66.11	389
63.08	472	64.06	444	65.08	416	66.15	388
63.12	471	64.09	443	65.11	415	66.19	387
63.15	470	64.13	442	65.15	414	66.23	386
63.19	469	64.16	441	65.19	413	66.27	385
63.22	468	64.20	440	65.23	412	66.31	384
63.26	467	64.24	439	65.26	411	66.35	383
63.29	466	64.27	438	65.30	410	66.39	382
63.32	465	64.31	437	65.34	409	66.43	381
63.36	464	64.34	436	65.38	408	66.47	380
63.39	463	64.38	435	65.41	407	66.51	379
63.43	462	64.41	434	65.45	406	66.55	378
63.46	461	64.45	433	65.49	405	66.59	377
63.50	460	64.49	432	65.53	404	66.63	376
63.53	459	64.52	431	65.57	403	66.67	375
63.57	458	64.56	430	65.60	402	66.71	374
63.60	457	64.60	429	65.64	401	66.75	373
63.64	456	64.63	428	65.68	400	66.79	372
63.67	455	64.67	427	65.72	399	66.83	371
63.70	454	64.71	426	65.76	398	66.87	370
63.74	453	64.74	425	65.80	397	66.91	369

成績	分數	成績	分數	成績	分數	成績	分數
66.95	368	68.14	340	69.42	312	73.23	284
66.99	367	68.18	339	69.47	311	73.44	283
67.03	366	68.23	338	69.51	310	73.64	282
67.08	365	68.27	337	69.56	309	73.85	281
67.12	364	68.32	336	69.61	308	74.06	280
67.16	363	68.36	335	69.66	307	74.26	279
67.20	362	68.41	334	69.71	306	74.47	278
67.24	361	68.45	333	69.75	305	74.68	277
67.28	360	68.50	332	69.80	304	74.89	276
67.33	359	68.54	331	69.85	303	75.09	275
67.37	358	68.59	330	69.90	302	75.30	274
67.41	357	68.63	329	69.95	301	75.51	273
67.45	356	68.68	328	70.00	300	75.72	272
67.49	355	68.72	327	70.20	299	75.93	271
67.54	354	68.77	326	70.40	298	76.14	270
67.58	353	68.81	325	70.60	297	76.35	269
67.62	352	68.86	324	70.80	296	76.56	268
67.66	351	68.90	323	71.00	295	76.77	267
67.71	350	68.95	322	71.20	294	76.98	266
67.75	349	69.00	321	71.40	293	77.19	265
67.79	348	69.04	320	71.61	292	77.41	264
67.84	347	69.09	319	71.81	291	77.62	263
67.88	346	69.14	318	72.01	290	77.83	262
67.92	345	69.18	317	72.21	289	78.05	261
67.97	344	69.23	316	72.42	288	78.26	260
68.01	343	69.28	315	72.62	287	78.47	259
68.05	342	69.32	314	72.83	286	78.69	258
68.10	341	69.37	313	73.03	285	78.90	257

成績	分數	成績	分數	成績	分數	成績	分數
79.12	256	85.34	228	91.95	200	99.03	172
79.34	255	85.57	227	92.19	199	99.30	171
79.55	254	85.79	226	92.43	198	99.56	170
79.77	253	86.02	225	92.68	197	99.83	169
79.99	252	86.25	224	92.93	196	100.09	168
80.20	251	86.49	223	93.17	195	100.36	167
80.42	250	86.72	222	93.42	194	100.62	166
80.64	249	86.95	221	93.67	193	100.89	165
80.86	248	87.18	220	93.92	192	101.16	164
81.08	247	87.41	219	94.17	191	101.43	163
81.30	246	87.65	218	94.42	190	101.70	162
81.52	245	87.88	217	94.67	189	101.97	161
81.74	244	88.12	216	94.92	188	102.25	160
81.96	243	88.35	215	95.17	187	102.52	159
82.18	242	88.59	214	95.42	186	102.79	158
82.41	241	88.82	213	95.68	185	103.07	157
82.63	240	89.06	212	95.93	184	103.34	156
82.85	239	89.30	211	96.18	183	103.62	155
83.07	238	89.54	210	96.44	182	103.90	154
83.30	237	89.77	209	96.70	181	104.17	153
83.52	236	90.01	208	96.95	180	104.45	152
83.75	235	90.25	207	97.21	179	104.73	151
83.97	234	90.49	206	97.47	178	105.02	150
84.20	233	90.73	205	97.73	177	105.30	149
84.43	232	90.97	204	97.99	176	105.58	148
84.65	231	91.22	203	98.25	175	105.86	147
84.88	230	91.46	202	98.51	174	106.15	146
85.11	229	91.70	201	98.77	173	106.43	145

成績	分數	成績	分數	成績	分數	成績	分數
106.72	144	115.19	116	124.76	88	135.99	60
107.01	143	115.51	115	125.12	87	136.44	59
107.30	142	115.84	114	125.49	86	136.88	58
107.59	141	116.16	113	125.87	85	137.34	57
107.88	140	116.48	112	126.24	84	137.79	56
108.17	139	116.81	111	126.62	83	138.25	55
108.46	138	117.14	110	126.99	82	138.71	54
108.76	137	117.47	109	127.38	81	139.18	53
109.05	136	117.80	108	127.76	80	139.66	52
109.35	135	118.13	107	128.14	79	140.14	51
109.64	134	118.46	106	128.53	78	140.62	50
109.94	133	118.80	105	128.92	77	141.10	49
110.24	132	119.13	104	129.31	76	141.59	48
110.54	131	119.47	103	129.71	75	142.09	47
110.84	130	119.81	102	130.11	74	142.59	46
111.15	129	120.15	101	130.51	73	143.10	45
111.45	128	120.50	100	130.91	72	143.61	44
111.76	127	120.84	99	131.33	71	144.13	43
112.06	126	121.19	98	131.73	70	144.65	42
112.37	125	121.54	97	132.14	69	145.18	41
112.68	124	121.89	96	132.56	68	145.72	40
112.99	123	122.24	95	132.98	67	146.26	39
113.30	122	122.59	94	133.40	66	146.81	38
113.61	121	122.95	93	133.82	65	147.37	37
113.93	120	123.31	92	134.23	64	147.93	36
114.24	119	123.67	91	134.68	63	148.50	35
114.56	118	124.03	90	135.11	62	149.08	34
114.88	117	124.39	89	135.55	61	149.67	33

成績	分數	成績	分數	成績	分數	成績	分數
150.27	32	155.41	24	161.46	16	169.20	8
150.87	31	156.11	23	162.31	15	170.38	7
151.49	30	156.82	22	163.18	14	171.64	6
152.11	29	157.55	21	164.09	13	172.99	5
152.75	28	158.29	20	165.02	12	174.45	4
153.40	27	159.05	19	166.00	11	176.07	3
154.06	26	159.83	18	167.02	10	177.90	2
154.73	25	160.64	17	168.08	9	180.00	1

■ 田徑教練指南

歡迎來到特殊奧運田徑教練指南 2017 年版。

我們編寫這本手冊的目的，是提供教練，尤其是新手教練，關於指導田徑運動員的重要資訊。這本手冊涵蓋田徑指導的一般資訊，從服裝與設備，到幾項最重要的規則，從如何製作實用的訓練紀錄，到如何培養你的團隊的運動員精神。

這本手冊適合與「特殊奧運田徑規則」，以及「特殊奧運運動規則第 1 條」一併參考。

要記住，這本手冊只是你在教練生涯的眾多資源之一。等到你有了自己的指導風格，還會有其他書籍、網站、雜誌，以及教練，能幫助你精進你的指導方法。要永遠保持好奇！要敞開心胸接受新觀念！要把運動員放在教練生涯的第一位！

致謝

特殊奧運要感謝下列專業人士、志工、教練，以及運動員，在《田徑教練指南》及 2017 年修訂版的製作期間，不吝給予協助。

他們的貢獻，在於與我們一同履行特殊奧運的使命：為八歲以上的智力障礙人士，提供一整年均可進行的各種奧運運動的訓練及競賽，並持續提供機會，協助他們提升體適能，展現勇氣，感受快樂，將自身的天賦、技能與情誼，與家人、其他特殊奧運運動員，以及整個社會共享。

特殊奧運田徑歡迎各界提供寶貴意見，協助我們改善本教練指南。感謝對象的名單若有不慎遺漏之處，懇請見諒。

原版教練指南（2007 年）

作者

Susie Bennett-Yeo（澳洲特殊奧運）、Venisha Bowler（國際特殊奧運）、Wanda S. Durden、Dave Lenox、Ryan Murphy、Karla Sirianni（前國際特殊奧運）、Kelly Zackodnik（加拿大特殊奧運）。

特別感謝：

Janusz Rozum（波蘭特殊奧運）、Tony Wayne（美國北卡羅萊納州特殊奧運）、Paul Whichard（前國際特殊奧運）、Brenda Hill（加拿大特殊奧運）。

在影片出現的加拿大特殊奧運運動員：Fern Bremault、Chris Doty、Gino Lucarelli, Sarah McCarthy、Blayne Usselman。

在影片出現的美國維吉尼亞州特殊奧運運動員。

2017 年修訂版

特殊奧運田徑運動資源團隊：主席：Kelly Zackodnik（加拿大特殊奧運）。團隊成員：Jan Blaauw（荷蘭特殊奧運）、Peter Fenton（愛爾蘭特殊奧運）、Yvonne Grimes（美國康乃狄克州特殊奧運）、Jeff Mohler（美國印第安納州特殊奧運）、Janusz Rozum（波蘭特殊奧運）、Tony Wayne（美國北卡羅萊納州特殊奧運）、Susie Bennett-Yeo（澳洲特殊奧運）。

給予協助的特殊奧運田徑教練：Jo Menten（比利時特殊奧運）、Aaron Masi（美國佛蒙特州特殊奧運）、Michael Bovino（美國賓夕法尼亞州特殊奧運）、Hannah Higginson（英國特殊奧運）、Barbara Hedden（美國康乃狄克州特殊奧運）。

特殊奧運國際人員：Nadine Afiouni、Monica Forquer、Fiona Murray、Will Schermerhorn、Jamie Valis、Kyle Washburn。

田徑季的準備工作

目標

設定目標是所有訓練計畫的重要一環。設定了目標，我們就有了專注的方向。有了目標，我們也能掌握自身的進展。關於設定目標與 SMART 目標的詳細資訊，請前往我們的資源網頁 resources.specialolympics.org，參閱我們的運動心理學手冊。

下列是田徑運動員的 SMART 訓練目標的簡單例子：

項目	訓練重點	目標範例
鉛球	正確擲出鉛球	每次擲球（90% 的擲球）完全伸展手臂
短跑	跑過跑道的彎曲處	每次經過彎曲處，都不會偏離跑道
接力賽跑	盲目傳遞接力棒	順利傳遞機率達到 80%（不需摸索）
中程跑	3 千公尺的步速	每 8 百公尺抵達預定的分段點
立定跳遠	起跳	在起跳前最後五步的第四步，雙腳同時離地

規劃訓練季

你身為教練，在賽季開始之前，必須規劃訓練季。你要考量一個賽季所有的關鍵因素：賽季前（一般與特定準備工作）、賽季中，以及停賽季。有關規劃訓練季的詳細資訊，請參閱我們的資源網頁 www.resources.specialolympics.org 所提供的簡短指南。

在規劃田徑季的過程中，應依據你的運動員參賽的項目，考量必須培養的能力。因此你的運動員需要的訓練種類可能不同，尤其是在賽季的不同階段。

為競賽練習

我們花越多時間練習競賽的技巧，競賽的能力就越強。競賽是運動

員訓練的重要部分，還能鼓勵運動員更認真訓練。競賽活動也可以刺激有趣，還能幫助運動員了解自己的進步程度。你為運動員設計的訓練計畫，一定要包括競賽活動。千萬要記得！競賽活動不見得一定要是正規競賽！你跟你的田徑隊，也可參與下列簡單的競賽活動：

邀請其他俱樂部與學校，參加你的訓練課程，並安排小型競賽。

邀請本地的高中或中等學校參加你的訓練課程，或是你參加他們的訓練課程。

與本地的跑步俱樂部或田徑俱樂部合作。

每月舉辦你的俱樂部的友誼賽，邀請你的運動員試試不同的比賽。

在你的社區發起本地聯賽。

邀請家人每隔幾個星期充當「觀眾席上的支持者」，創造競賽的氣氛。你的運動員也更能承受競賽的刺激與壓力。

訓練課程的健康與安全

要徹底檢查每一個競賽與練習區是否危險。以下是幾個你可能會遇到的例子：

跳遠坑四周的金屬格柵：若是損壞，就會影響著陸區的安全。

拋擲區：務必確認運動員所拋擲之器具，不會擊中運動員、教練或觀眾。關於何時能收取拋擲區的器具，也應訂出明確的規則。

身為教練，你應該檢查所有設備，確認是否安全可用。需檢查的設備包括欄架、跳高墊、投擲籠與投擲圈、抵趾板，以及著地區的沙坑。

我們的終極目標，是提供所有人一個安全的環境，包括在訓練或競賽場地的運動員、教練、觀眾等等。有安全的場地，大家才能專心訓練！

規劃訓練課程

盡責的教練懂得規劃訓練季與競賽季。盡責的教練也會規劃每一

個訓練季。想知道如何規劃訓練賽季，請參閱我們的資源網頁 www. resources.specialolympics.org 的指南。

訓練課程應涵蓋下列內容：

- 暖身。
- 複習與練習先前學會的技巧。
- 介紹新技巧、方法與戰術。
- 競賽練習。
- 緩和與課程複習。

課程要有變化。盡責的教練在挑戰運動員的同時，也會給他們機會體驗成功。最重要的是，你的訓練課一定要有趣！

融合運動的團體田徑

融合運動的團體田徑，是一種綜合的計畫。特殊奧運運動員與融合運動伙伴是平等的隊友，一起訓練也互相扶持。團隊的名單要控制在二十人以內。運動員與伙伴的人數必須一樣多。在競賽當中，每一位隊員最多可參加三項。總共有五項徑賽、三項田賽，以及兩項接力賽。

融合運動的團體田徑有兩項特別之處：

（1）每一位隊員依據自身的競賽表現，為團隊贏得分數。每一個項目的名次都有分數。第一名得 5 分。第二名得 3 分。第三名得 1 分。團隊的所有隊員得到的分數加總。比賽結束後，總分最高的團隊勝出。

（2）運動員與伙伴會互相競爭。時間與距離類似的競爭者，會歸於同一組。運動員與伙伴得到平等待遇，不需分開競賽，有助於提升全面融合的氣氛。

人人相互競爭，能提升平等與尊重，還能去除標籤。參賽者純粹以才能論英雄，態度也會更明智。

融合運動的團體田徑能帶動同志情誼與團隊精神。團隊成員在每一個項目分組，都能互相支持，互相鼓勵。每一位團隊成員，都能對團隊的成績做出實質貢獻。每一位運動員的表現都很重要。

　　團隊成員一起訓練，參與彼此的生活，也能培養長久的友誼。

　　創設融合田徑隊的教練，受到的限制會少於融合團隊運動。運動員與伙伴並不需要擁有近似的能力水準。教練甚至可以募集能力差異很大的隊員。在競賽場上，他們是與類似時間與距離的運動員同組。要記住，隊員必須年齡相近，同樣熱愛田徑。

　　在訓練季初期，鼓勵隊員試試不同的項目。隊員應該田賽與徑賽都試試看，選擇最多三項鑽研。選定之後再以競賽為前提訓練。

　　身為教練，必須指導每一位隊員。在教學場合，不要將運動員與伙伴分隔開來。所有的隊員都要一同學習，一同訓練。要平等對待每個人。要依據你的隊員的需求，調整你的指導方式。

　　你也要讓運動員與伙伴分擔領導的責任。要鼓勵他們一起進行活動。例如在暖身與伸展，可安排兩人一組的運動員與伙伴，帶領其他隊員進行。

　　融合運動的團隊田徑，將智能障礙與智能正常的運動員串連起來，累積充實的經驗。

田徑運動員技巧評估

　　運動技巧評估表是一種有系統的方法，可判斷運動員目前的技巧等級或能力。教練使用田徑技巧評估卡，可判斷運動員的田徑運動能力。教練可在運動員開始參與之前，以及在訓練季或賽季當中進行評估，了解運動員的進步程度。教練使用這種評估法，有下列好處：

- 教練能與運動員一起判斷，運動員適合參與哪些競賽項目。
- 確認運動員的基本訓練內容。

- 教練能將能力相當的運動員，分在同一個訓練團隊。
- 衡量運動員的進步程度（在訓練季或賽季中再次評估）。
- 擬定運動員的每日訓練時程表。

在評估之前，教練必須觀察運動員，進行下列分析：

- 熟悉每一項重要技巧之下的任務。
- 能準確想像每一個任務的畫面。
- 曾觀察熟練的人執行這項技巧。

在評估過程中，教練能有更好的機會，從運動員身上獲得最好的分析。首先一定要解釋你要觀察的技巧。如情況許可，亦可親身示範該技巧。

說明

要在訓練季與競賽季的一開始，使用這項工具，了解每一位運動員的初始技巧等級。

要求運動員展現技巧幾次。

如果運動員五次當中有三次正確展現技巧，就在技巧旁邊的空格打勾，代表運動員已經學會這項技巧。

要規劃在訓練季與競賽季當中，再次進行評估。

運用評估結果，決定訓練季的重點是哪些，也許是運動員必須學會、改善或精進的技巧。

注意：運動員可以按照自己的意願，決定技巧的學習順序。運動員完成了一個技巧的所有項目，就等於完成了這項技巧。教練可將卡片與競賽成績一併參考，決定運動員是否做好挑戰難度更高的項目的準備。

特殊奧運田徑技巧評估卡

運動員姓名： 教練姓名：	日期：
跑步的基本姿勢 □能維持平衡且挺直的姿勢 □能維持臀部抬高的姿勢 □跑步時能抬起另外一條腿的膝蓋或另一條手臂 □跑步時雙臂不會在身體前晃動，肩膀也不會旋轉	**短跑** □有能力站立或在起跑器起跑 □跑的速度很快 □有能力開始並完成短跑項目 □有能力正常短跑 □喜歡快跑
起跑 □以站立姿勢開始短跑 □以正確的方式短跑 □聽見「各就各位」指令，能在起跑器上以放鬆的姿勢就位 □聽見「預備」指令，能在起跑器上維持平衡的姿勢 □聽見「開始」指令，能從起跑姿勢展開短跑	**跨欄** □嘗試跨過低欄 □在跑步途中有能力跨過低欄 □臀部很靈活 □有能力開始並完成短跑 □喜歡跨欄跑
中程跑 □能以穩定步伐跑 3 分鐘 □能以快速步伐跑 30 秒 □喜歡繞著跑道跑二至四圈	**長跑** □以平衡直立的姿態跑步 □以正確的方式長跑 □有能力開始並完成 1 千 6 百公尺的比賽 □有能力以指定速度跑步
接力 □看見並接過接力棒 □完成上挑式手掌向下的傳棒 □完成下壓式手掌向下的傳棒 □在交棒區完成交棒 □以正確方式跑完指定的接力棒次 □在正確的跑道跑向隊友 □在跑道跑步，同時以指定的手臂向後伸 □能拿著接力棒跑向隊友 □在跑道跑步，同時往後看向跑過來的跑者 □能跑 1 百公尺或 4 百公尺 □喜歡與隊友一起跑接力賽	**急行跳遠** □完成九步助跑 □完成單腿起跳 □完成走步式跳遠 □完成挺身式跳遠 □完成正確的著地 □按照指令，正常起跳 □有能力完成正確的立定跳遠 □知道起始點在哪裡 □知道起跳板在哪裡 □喜歡跳入沙坑

立定跳遠	跳高
□能做出起跳姿勢 □能展現立定跳遠的正確起跳動作 □能展現正確的空中動作 □能展現正確的著地動作 □按照指令，正常起跳 □運動員有能力雙腿起跳 □運動員喜歡跳	□完成七步助跑的背越式（flop style）跳高 □完成背越式跳高，仰式著地 □完成剪式跳高 □完成七步助跑的剪式跳高 □按照指令，正常起跳 □運動員能單腳跳到空中 □運動員能單腳起跳，跳入跳高墊 □運動員能屢次完成三步助跑的跳高 □運動員能完成單腳起跳 □運動員能往後跳入跳高墊 □運動員能在彎曲的跑道奔跑 □運動員喜歡跳
迷你標槍	鉛球
□以正確方式握住迷你標槍 □完成站立投擲標槍 □完成一步投擲標槍 □有能力在五步助跑後投擲標槍 □以肩膀與手肘的力量，拿起迷你標槍 □走向前，手舉到超越肩膀的高度 □在適當的高度擲出標槍，確保標槍飛得夠遠 □完成順勢動作	□以正確方式握住鉛球 □做好準備投擲的姿勢 □完成站立投擲鉛球，或坐輪椅投擲鉛球 □完成側向滑步投擲鉛球 □完成滑步投擲鉛球 □將鉛球向前投擲 □將鉛球投擲到著地區 □完成反向或重心轉換 □能以正確方式，單手握住鉛球 □能以正確方式，安全拿起鉛球，並握住鉛球 □喜歡投擲鉛球
輪椅競速	疊球擲遠
□做好預備姿勢 □能向前再倒退回原位 □能完成輪椅競速比賽 □以正常方式比賽 □喜歡輪椅競速	□正確握住疊球 □能以正確方式過肩投擲 □能依據指令投擲疊球 □能向前投擲疊球 □能將疊球投擲到疊球著地區 □投擲的手能握住疊球 □能做出正確的準備投擲的姿勢 □喜歡投擲疊球
競走	
□以平衡直立的姿勢行走 □以正確的方式慢速行走 □以由慢到快的不同速度行走 □以競走方式行走 □正常行走 □喜歡競走	

追蹤你的運動員的表現

表現紀錄

　　身為教練，追蹤你的運動員的進步程度，是你的重要責任。表現紀錄是你的好幫手，不但在競賽能派上用場，還能用來激勵你的運動員。表現紀錄能讓你的運動員了解，他們在一段時間內進步了多少。同樣的道理，從表現紀錄也能看出運動員的表現，在何時陷入瓶頸。這可能代表訓練的方法需要改變。運動員是不是覺得訓練很無聊？是否已經失去動力？你的訓練課是否無法帶給運動員挑戰？

　　當教練要講究平衡。你必須帶給運動員挑戰的機會及成功的機會。太多挑戰或是太多成功，都會澆熄他們的動力。

　　下列是表現紀錄的幾個簡單範例。你不需要在每一季都完成表現紀錄，但最好還是將整個賽季的表現予以記錄，包括訓練與競賽的紀錄。偶爾也可以把紀錄拿給你的運動員看。他們看見自己的進步，會很有動力繼續努力。也可以要求運動員記錄自己在訓練中的表現，培養對於自己的訓練的責任感。每一位教練必須找出記錄運動員表現的最佳方式。

表現紀錄：範例一

在這個範例，教練在每一堂訓練課，或是每一場競賽過後，完成一頁的紀錄。教練可以寫下附註。所以每一堂訓練課或是每一場比賽，教練都只需要一頁紀錄表。這樣做的缺點在於，一名運動員的紀錄會分散在很多頁，所以較難觀察運動員的表現的變化。運動員要是被判違反「最大努力」規則，也很難依據紀錄表上的資訊提出異議。

教練姓名：

訓練課日期： 時間： 場地： 天氣：

運動員姓名	項目一	成績一	項目二	成績二	電子計時器／碼錶
Mary Smith	100 公尺	18.23	200 公尺	35.26	電子計時器
John Brown	400 公尺競走	1:32.5	鉛球（4 公斤）	2.54 公尺	電子計時器
Sarah Pitt	1500 公尺	11.57			碼錶

附註：

表現紀錄：範例二

在這個範例，教練的文件夾中，每一位運動員有一頁紀錄。在訓練或競賽期間，教練應記錄運動員的表現。其他重要的資訊最好也記錄下來，例如訓練場地、天氣（溫暖還是寒冷？風大嗎？）衡量表現所用的方法是什麼？電子計時器比碼錶更準確。在這個例子，教練要用一頁紀錄表，記錄一位運動員的表現，但在競賽期間，要搜尋每一位運動員的資料，也會更容易。

教練姓名：

運動員姓名：

日期	項目一	成績一	天氣	室內／戶外	測量方式
4/3/17	1 百公尺	20.6 秒	寒冷	室內	碼錶
11/3/17	1 百公尺	21.2 秒	寒冷	室內	碼錶
18/3/17	1 百公尺	20.8 秒	寒冷	室內	碼錶
18/3/17	2 百公尺	41.4 秒	寒冷	室內	碼錶
25/3/17	1 百公尺	22.1 秒	大風	戶外	碼錶
25/3/17	2 百公尺	43.8 秒	大風	戶外	碼錶
1/4/17	1 百公尺	20.1 秒	溫暖	戶外	碼錶
1/4/17	2 百公尺	41.2 秒	溫暖	戶外	碼錶
1/4/17	1 百公尺	20.4 秒	溫暖	戶外	碼錶
8/4/17	1 百公尺	20.36 秒	溫暖	戶外	電子計時器
8/4/17	1 百公尺	20.45 秒	溫暖	戶外	電子計時器
8/4/17	跳遠	3.01 公尺	溫暖	戶外	捲尺
8/4/17	2 百公尺	39.21 秒	溫暖	戶外	電子計時器

表現紀錄：範例三

　　這是最詳細的一種訓練紀錄。教練記下運動員的姓名與項目，並詳細記載運動員正在培養的技巧。教練也要記錄成功的訓練或活動，亦可記下運動員認為哪些訓練較為困難。這種紀錄製作起來最花時間，但對教練而言卻很有參考價值，不僅能追蹤運動員的進步情形，也能記錄教練自己的成長。

項目：立定跳遠　　運動員姓名：Joe Sky

技巧：空中動作　　教練姓名：Sam Jones

技巧分析	日期與指導方式	教練觀察	練成日期
展現立定跳遠的正確空中動作			
在起跳線或起跳板後正確起跳	5/31： 教練示範 五次嘗試： 三次勉強成功,一次成功,一次未完成	重新測量起跳距離 增加起跳力量	6/13
在空中彎曲臀部,雙腿與上半身往前挺			
在空中雙腳稍微分開與平行			
頭部前傾,注意前方兩公尺			
跳遠距離	6/30	測量距離 2.4 公尺	

衣服與鞋

　　所有的參賽者,都必須身穿合適的田徑服與田徑鞋。你應該跟運動員討論怎樣是合適的服裝。要記得,訓練與競賽的服裝可能不同。

　　要告訴你的運動員,正確的服裝與鞋子為何重要。要強調適當的服裝,能幫助他們拿出最好的表現。

- 運動員的服裝必須適合要進行的活動,因此應該要穿著:
- 不會限制行動的舒適服裝。
- 合適的材質(亦即透氣,不要用牛仔布)。
- 合腳的田徑鞋(運動鞋、釘鞋)*。
- 適合環境(亦即天氣、溫度、室內或戶外)。
- *註:規則也允許光腳跑步

在競賽場合，教練必須確認你的運動員的服裝，符合特殊奧運田徑的正式規定。

上衣

上衣應該要：

- 舒適。
- 乾淨整齊。
- 穿上能行動自如（無袖上衣或背心穿起來行動很方便。運動員亦可在無袖上衣或背心裡面，加穿一件 T 恤）。
- 輕盈材質（吸濕排汗 T 恤優於棉質 T 恤，身體與皮膚能保持乾爽涼快）。
- 長度適中（上衣應該要長到能覆蓋軀幹，但不能妨礙行動。長上衣應該要塞進短褲或長褲的腰帶）。

短褲

短褲與運動服的長褲應該要合身。不要太寬鬆，應該要舒適，要能活動自如。有些運動員可能覺得緊身運動褲比較舒服。

襪子

運動員穿任何一種鞋子，都應該要穿上田徑襪。透氣且合身的襪子能減少濕氣，也許還能預防水泡與異味。襪子也能提升足部衛生，如果細心照料，至少能穿一整個賽季。合適的襪子也能延長運動鞋的壽命。

鞋子

對於田徑運動員來說，合身的跑鞋是服裝中最重要的部分。不同的運動需要不同的鞋子，以配合運動員的身體移動，以及運動員訓練的場地表面。良好的跑鞋應具備以下條件：

- 後跟部位有厚厚的軟墊，可吸收撞擊力，避免脛前疼痛、繭，以及其他下肢傷害。

- 厚而耐用的橡膠鞋底。
- 堅固的後跟，能提升穩定度，腳跟不會脫離鞋子。
- 良好的彈性。
- 最重要的是：要合腳！

特殊奧運健康運動員足部健康計畫，提供足部保養與鞋子相關的實用建議。運動員也可參加足部健康檢查。詳情可洽詢你的本地單位，或參閱我們的健康運動員資源網頁 http://resources.specialolympics.org/Taxonomy/Health/_Catalog_of_Fit_Feet_Resources.aspx。

暖身服

有些運動員在訓練課或競賽開始之前，會先穿上田徑服暖身。練習或競賽結束後，穿上田徑服也可保暖。

田徑服或暖身服應該要：

- 重量輕至中等。
- 棉質運動衫或吸濕排汗材質。
- 容易穿脫。
- 標明運動員的名字（很多人一起訓練，服裝很容易搞丟！）

也要留意訓練或競賽的天氣與地點。寒冷天氣的暖身服，可能比較厚重。在潮濕的天氣，可能需要防水或抗水材質的服裝。在潮濕風大的天氣，能保暖且保持乾燥的尼龍風衣是個好選擇。

最佳訣竅：衣服與鞋子

給你的運動員看正確服裝的例子（照片、影片）。

帶你的運動員去觀看另一隊的練習情形，看看運動員實際練習的情況。

與你的運動員約定，他們要是沒有穿著合適的服裝前來訓練，你會採取怎樣的行動。

要以身作則，無論是訓練還是競賽，每次都要穿著合適的衣服。

田徑的設備

田徑分為許多項目。每一個項目都需要特定的設備。運動員在訓練過程中，一定要使用合適的設備。運動員要有能力辨識並選擇適合競賽項目的設備。你在訓練課要教運動員辨識每一項設備，還要能說出名稱。鼓勵他們自行選擇訓練所需的設備。要記得，你的運動員到了正式比賽場合，必須自行選擇要用的設備。

計時裝置

你在訓練或比賽中替你的運動員計時，務必要準確。

你可以用電動或數位碼錶人工計時。人工計時是以 1/10 秒為單位計算。即使碼錶顯示 1/100 秒，仍然以 1/10 秒為單位。

有些比賽使用全自動計時（fully automatic timing，FAT）系統。計時是以 1/100 秒為單位。

身為教練，你必須經常為你所有的運動員準確計時。

起步槍

大多數的田徑比賽，都會用到起步槍。訓練課也應該要用起步槍，運動員才能在正式比賽之前，習慣起步槍。在任何比賽，好的開始都很重要，要多練習才能進步。在某些場合，也可用別的東西取代起步槍，合適的替代品包括鈴鐺（室內徑賽必備）、口哨，或口頭喊出開始指令。你在比賽開始之前，應向主辦單位問清楚是用哪一種。教練只能在練習使用替代品，

在比賽中不能使用替代品。

起跑器

可自行選擇是否使用起跑器。起跑器必須固定在起跑線的後方。運動員就起跑位置，雙手就放在起跑線之後。起跑器必須能調整，運動員才能找到最佳起跑位置。

跨欄

要依據你的運動員的能力，選擇適用的欄架。在課堂上傳授跨欄的基本方法，要使用練習用欄架。練習用欄架是可折疊的，或是設計成很容易倒下。若是找不到特別設計的初學者或練習用欄架，也可自由發揮。拿一個高度適中的圓錐體，上面放一根螢光棒，就可以充當欄架。要等到運動員具備良好的基本跨欄技巧，才能使用比賽用欄架。

接力棒

每一個接力隊伍需要一根接力棒。比賽用接力棒的周長應有 10 公分。可選用陽極氧化鋁，或是輕盈不易碎的塑膠。你可以自行製作練習用的接力棒。將下列材料剪成 30 公分長，邊緣平滑即可：暗榫、舊掃帚握把，或是聚氯乙烯管。

跳遠沙坑

你必須確認你的運動員有安全的跳遠沙坑可使用。以下是幾個重要

的訣竅。

沙坑的沙量必須足夠，運動員才能安全著地。沙層至少要有 30 公分厚。

你也要確認在訓練與比賽時，沙層都能維持適當的厚度。要記得，每次有運動員跳入沙坑，都會有一些沙移位，所以要經常把梳沙坑裡的沙。

沙坑必須夠長夠寬，運動員才能安全著地。

標準的起跳板通常會距離沙坑邊緣超過 2 公尺遠。在這種情況，你必須在距離沙坑前端 1 公尺遠的跑道上，設置臨時起跳板，或是用粉筆畫線。

跳遠沙坑應符合世界田徑總會（IAAF）的標準。

跳高場地

跳高場地應包含下列項目：

- 跳高墊（長寬高至少為 500 乘以 250 乘以 50 公分）。只能使用認證許可的跳高墊。不能使用其他材質的跳高墊（例如健身墊）。
- 一對可調整的跳高架。
- 一個橫桿（理想的練習用橫桿是玻璃纖維橫桿）。

鉛球

特殊奧運的田徑規則允許在比賽中使用戶外鉛球（鐵材質）與室內鉛球（表面為硬塑膠），但必須符合下列的最低重量規定：

組別	男性	女性
12 歲以上	4 公斤	3 公斤
8 至 11 歲	3 公斤	2 公斤
輪椅	2 公斤	2 公斤

壘球

正式比賽用的壘球是 30 公分,且有重量(藍點,傳統飛速)。還無法駕馭壘球的運動員,亦可使用網球。這些項目是練習投擲的項目。

有些比賽對於壘球項目,會有最長距離的規定。

迷你標槍

迷你標槍是堅固的塑膠材質。迷你標槍由柄、握把,以及翅片組成。標槍的尖端是較為柔軟的橡膠,以及圓鈍的刺頭。相較於戶外用的標槍,迷你標槍更為安全。迷你標槍應符合下列的最低重量標準:

組別	男性	女性
16 歲以上	400 克	300 克
8 至 15 歲	300 克	300 克
五項全能	300 克	300 克

心理準備與訓練

在任何運動的訓練,實地的技巧學習與戰術訓練,只是其中的兩個層面。越來越多運動員與教練,運用心理訓練以補強身體訓練。詳細資訊請參閱運動心理學教練指南,網址 resources.specialolympics.org。

特殊奧運健康運動員心理健康計畫,提供關於健康與覺察的實用建議。運動員不妨參加健康運動員活動的心理健康課程。詳情請洽詢你的本地單位,或參閱我們的健康運動員資源網頁 www.resources.specialolympics.org。

田徑體適能

所謂交叉訓練,是將類似但不同的運動,納入運動員的訓練內容,

以提升運動員在主要運動項目的體適能或表現。舉例來說，田徑的訓練內容可能包括單車、划船、有氧運動，以及游泳，因為這些都能提升耐力。

　　訓練內容最好能提升運動員的調節，但減少對於肌肉與關節的衝擊，畢竟運動員的運動項目需要大量使用肌肉與關節。交叉訓練可以在運動季期間進行，增加訓練天數，亦可在停賽季進行，幫助運動員維持運動項目所需的體適能。最好還能在訓練中增添一些變化，加入其他有趣的活動。

　　交叉訓練也是體適能發展的重要一環。有關體適能的詳細資訊，請參閱：

　　我們的資源網頁的「體適能」項目。

　　探索我們好玩的 Fit 5 練習卡，以及相關資訊，網址：http://resources.specialolympics.org/Fitness-Cards/#.WK7Ae_LpU-k。

　　瀏覽我們的健康運動員資源網頁的「FUN 體適能」資訊。

　　運動員與教練不妨參加健康運動員活動的「FUN 體適能」課程。詳情請洽詢你本地的特殊奧運計畫。

FIT 5

Fit 5 要告訴你如何培養體適能，達到最佳的身體活動、營養與水分。Fit 5 是依據三項簡單目標，分別是每星期運動五天，每天吃五份完整的水果與蔬菜，以及每天喝五個水壺的水。Fit 5 手冊提供建議與訣竅，幫助你達成這些目標，還有能記錄進步情形的體適能追蹤表。運動員希望每次比賽都

能拿出最佳表現。擁有體適能就能有好表現。

Fit 5 計畫能幫助運動員提升健康與體適能，發揮最強的實力。

體適能卡片

體適能卡片詳細介紹提升耐力、力量以及靈活度的幾種運動。這些運動可以納入練習，也可交由運動員在家完成。卡片上有特殊奧運運動員進行這些運動的圖解，以及如何正確進行這些運動的文字敘述。體適能資源網頁有這幾種運動的影片。卡片分為第一級至第五級，第五級的難度最高。另外還有詳細說明，告訴你何時進階到難度更高的運動，又該如何進階才安全。運動員可以依據自身能力，混合使用不同級數的卡片，亦可發揮創意，打造適合自己的訓練課程，提升體適能。http://resources.specialolympics.org/Fitness-Cards/#.WK7Ae_LpU-k。

特殊奧運健康運動員計畫也包含 FUN 體適能計畫。FUN 體適能計畫提供體適能檢查與教育服務，評估運動員的靈活度、功能強度、平衡與有氧情形。運動員與教練也可獲得如何提升表現，以及如何保持運動習慣的相關資訊與建議。運動員與教練不妨參加健康運動員活動的「FUN 體適能」課程。詳情請洽詢你本地的計畫，或參閱我們的「FUN 體適能」網頁：http://resources.specialolympics.org/Taxonomy/Health/_Catalog_of_FUNfitness_Resources.aspx。

田徑規則教學

　　訓練課是田徑規則教學最理想的時間。舉例來說，安迪教練要講解接力賽的交棒。他先說明指導重點。在練習期間，他指導運動員完成合乎規定的交棒。他也向運動員解釋，交棒為何必須在接棒區完成。

　　教練必須知道你所教的運動的規則，包括：

- 正式的特殊奧運田徑規則
- 特殊奧運運動規則第 1 條（規則 11「最大努力規則」非常重要）
- 世界田徑總會（International Association of Athletics Federations）比賽規則，網址 www.iaaf.org。

　　特殊奧運田徑規則，是依據世界田徑總會的規則，為特殊奧運比賽所設計並調整。你還有你的運動員，必須了解參加項目的規則。下列是各項目的重要規則。運動員違反這些及其他規則，可能會被撤銷參賽資格。

賽跑一般規則

1. 一場比賽可以容許一次起跑犯規，不會撤銷起跑犯規的運動員的參賽資格。下一位起跑犯規的運動員，則會被取消參賽資格。
2. 比賽必須於跑道進行。跑者在比賽全程，或是從起點到終點線，均不得脫離跑道。
3. 運動員離開指定的跑道，倘若並未取得優勢，也並不會被自動撤銷資格。
4. 跑者必須在起跑線後方起跑。
5. 跑者若妨礙另一位跑者前進，藉此取得不公平的優勢，就會被撤銷資格。妨礙的行為包括阻擾、推擠、干擾。這種情形可能包括意外事件。
6. 跑者必須穿運動鞋或田徑鞋，亦可光腳。

接力賽一般規則

1. 跑者必須在接棒區交棒。
2. 跑者不得以丟擲接力棒的方式交棒。
3. 跑者參加 1 百公尺四圈的接力賽,必須全程停留在跑道。
4. 跑者若是阻擾、妨礙或是干擾另一位跑者前進,參賽資格將被撤銷。
5. 在接棒區,重要的是接力棒的位置,而不是運動員的位置。
6. 在 4 百公尺四圈的接力賽跑。第一段是在跑道賽跑。第二段是在跑道賽跑,並完成第一個轉彎。運動員在第二段可轉換跑道。第三段與第四段毋須在指定的跑道賽跑。

跳遠一般規則

1. 運動員一律必須從起跑線後方開始。
2. 以三次不連續跳遠的最佳成績,作為最終分數。
3. 測量跳遠距離,必須以從起跳板距離最近的邊緣,到運動員身體的任何一個部位,或身上任何一樣東西,在沙坑所留下的距離最近的痕跡,中間的直線距離為準。
4. 運動員必須從沙坑的兩側離開沙坑,或往前走出沙坑,若是往回走向跑道,走過自己在沙坑留下的痕跡並跨過起跳線,一律視為犯規。
5. 跳遠運動員必須有能力跳過至少 1 公尺的距離。這是抵趾板與沙坑之間的最短距離。
6. 立定跳遠運動員必須雙腳同時起跳。

跳高一般規則

1. 在比賽或暖身賽,不要朝向橫桿俯衝。
2. 如果運動員起跑之後決定不跳,就必須停下來。如果還有時間,

可以重新開始起跑。如果已經碰觸到跳高墊、跳高架、橫桿，或是已經跨越橫桿，就構成犯規，且不得重新開始。

3. 任何形式的跳高，都必須單腳起跳。不要雙腳起跳。

4. 從跳高墊的兩側或是後方離開。

5. 連續三次犯規會影響最終排名。最終成績是以最後跳過的高度為準。

6. 如果兩位或兩位以上的運動員在計算失誤之後，成績為平手，就會以平手作為最終結果。不會重跳。

7. 運動員必須能跳過至少 1 公尺的高度，才有資格參加比賽。所有跳高比賽的最低開局高度就是 1 公尺。

投擲項目一般規則

1. 使用的壘球、網球或鉛球必須符合正式比賽的規格與重量。

2. 要從投擲圈或投擲區的後方進出。

3. 可以用任何方式投擲壘球或網球。

4. 以三次不連續投擲的最佳成績，作為最終成績。

5. 不要踩踏或跨過壘球或標槍投擲的犯規線。

6. 不要踩踏或跨過鉛球的抵趾板。

7. 鉛球：

- 合乎規定的鉛球投擲，必須以一隻手，貼近頸部或下巴開始。

- 在投擲期間，手不能低於這個位置。

- 手不能位於肩膀的後方。

8. 迷你標槍：

- 運動員必須以一隻手握住迷你標槍的握把。

- 投擲的高度必須超過肩膀，或投擲的手臂的上半部。

- 迷你標槍不能用扔的。

- 參賽者不能完全轉身，背部面向投擲區。

輪椅競速一般規則

1. 輪椅運動員在比賽開始前，輪椅的前輪必須位於起跑線之後。
2. 非電動輪椅競賽項目，不得使用電動輪椅。
3. 其他賽跑規則均適用。

最大努力規則

運動員必須始終以誠實的態度參賽，並從頭到尾展現最大努力，包括在所有分組及決賽回合。運動員或隊伍若是蓄意在比賽中沒有發揮最大努力，以贏得低等級的分組名次，比賽資格就會被取消。

表現進步

總教練必須確認，運動員的分組分數確實符合他們的能力。在分組完成後，總教練必須確認運動員的表現與能力相符。倘若不相符，總教練必須提交「表現進步表格」。指導訣竅：最好將運動員的入隊時間與表現紀錄帶到比賽場合。萬一運動員被判違反最大努力規定，亦可當成提出異議的根據。

融合運動的規則

1. 有些融合運動的比賽規則適用於田徑。這些規則適用於融合接力賽或融合運動的團隊田徑。請參閱正式特殊奧運田徑規則。
2. 團隊的名單中，運動員與伙伴的人數必須一樣多。
3. 團隊必須有一位成年教練。隊員不可兼做教練。

異議與申訴

比賽規則也包含提出異議的程序。比賽管理團隊負責執行這些規則。在比賽中，只有總教練有資格代表運動員提出異議。你必須熟悉這些規則，知道在哪些情況可以提出異議。運動規則第 1 條包含所有的相關資訊。千萬要記得！不能僅僅因為運動員得不到想要的成績，就提出

異議。你必須明確指出是違反了哪一條規則，或是誤用了哪一條規則。提出異議是很嚴重的事情，異議案件需要時間處理，也會影響比賽的時程。

　　在比賽開始前，務必徹底了解比賽的異議程序。

運動精神

　　立志展現運動員精神的教練與運動員，會重視下列項目：

- 公平競爭
- 道德行為
- 操守
- 尊重

培養運動員精神的訣竅

　　下列是培養運動員的運動員精神的幾種簡單方法。這些方法適用於運動員，也適用於教練。

- 以身作則。
- 每一場比賽，每一次訓練全力以赴。
- 將訓練視同比賽。
- 要完成比賽，不要半途而廢（除非你受傷）。
- 無論在任何時候都要公平競爭，要遵守規則。
- 尊重你的隊友。
- 尊重你的對手。
- 在任何時候都要尊重官員的決定。

田徑的禮節與禮儀

教練須知

1. 要以身作則，要充當運動員與支持者的榜樣。

2. 教導運動員要有運動員精神，要強調運動員精神的重要性。

3. 要尊重裁判的判斷。要遵守比賽的規則。絕對不要有煽動支持者的行為。

4. 如果你的運動員在分組後的表現異於平常，要送交「表現進步」表格。

5. 要尊重其他教練、運動員，以及支持者，包括對手在內！

6. 要公開與裁判以及對手的教練握手。

7. 要制訂制裁違反運動員精神的運動員或教練的規則，並予以執行。

8. 要閱讀、簽署，並遵守特殊奧運的教練行為準則。

裁判須知

1. 確保每一位運動員得到有禮貌、客觀、公正的裁判。

2. 對所有參賽者執行運動規則要前後一致。

3. 要了解最新的正式特殊奧運田徑規則，以及世界田徑總會的規則。

4. 將每一場比賽視為重要場合。

5. 舉止要冷靜，不要搶了運動員的風采。

6. 要確保每一位運動員都有公平競爭的機會。

7. 要將參賽者的安全放在第一位。

融合運動的運動員與伙伴須知

1. 要尊重隊友。

2. 隊友犯錯的時候要給予鼓勵。

3. 要尊重對手：比賽前後都要握手。

4. 要尊重裁判的判斷，要遵守規則，絕對不要有煽動支持者或其他人的舉動。

5. 要與裁判、教練等人合作，一同進行公平的比賽。

6. 即使對手的行為不佳，也不要以任何方式報復。

7. 要認真看待身為特殊奧運的一份子的責任與殊榮。

8. 要將竭盡全力當作勝利。

9. 要遵守你的教練定下的運動員精神的高標準。

10. 閱讀、簽署並遵守特殊奧運運動員的行為準則。

教導運動員禮節與禮儀的訣竅

1. 討論田徑禮儀的範例。

2. 比賽結束後，無論輸贏都要恭喜對手。

3. 在任何時候都要控制脾氣與行為。

4. 要與裁判握手。

5. 教導運動員在田賽要等輪到自己再上場。

6. 教導運動員在賽跑項目要停留在自己的跑道，尤其是從第二個彎曲處到直線跑道。提醒運動員要沿著虛線跑。

7. 要肯定展現運動員精神的表現。

8. 舉辦「運動員精神獎」競賽或訓練課。

9. 獎勵展現運動員精神的運動員。

要記住

1. 運動員精神是一種態度。你跟你的運動員在場上場下的表現，就是運動員精神的展現。

2. 競爭的態度要正面。

3. 要尊重你的對手，也要尊重你自己。

4. 即使覺得生氣，也要控制情緒。

名詞	解釋
最後一棒	接力賽的最後一棒或第四棒
助跑	運動員在展現實際技巧，亦即跳高或跳遠之前的奔跑
接力棒	接力賽的隊伍所持有並互相傳遞的管狀物
盲目傳遞	在接力賽傳遞接力棒，接棒的跑者從交棒的跑者手中接過接力棒，而沒有看著接力棒的傳遞
斜道	橢圓形或半橢圓形的跑道的直線跑道的延伸
推擲圈	鉛球的比賽場地
橫桿	跳高架的兩個直立支柱之間的橫桿，可以升降
蹲踞式起跑	跑者在短跑開始時的蹲踞姿勢
平手	兩位或兩位以上的跑者同時跨越終點線，因此平手
未完成（DNF）	運動員起跑，但尚未到達終點線就退出比賽
撤銷參賽資格（DQ）	運動員違反規則，沒有出席排定的比賽，或是妨礙或干擾對手，藉此獲得不公平的優勢
出力腿	邁步或起跳時出力的腿
接棒區	接力賽中，接棒跑者必須在 20 公尺長的接棒區，從交棒跑者手中接過接力棒
起跑犯規	尚未接獲開始指令，就離開起跑器
法特萊克跑	瑞典名詞，意思是變速跑。跑者在連續奔跑過程中，可自由變換慢速、中速，及快速。法特萊克跑屬於有氧及無氧運動
田賽場地	進行田賽的場地
著地	腳部著地，製造推動身體向前的機械力
犯規	違反規則
領先者	比賽中速度最快的運動員
握把	投擲器具的手握部位
交棒	接力賽隊伍中，接棒跑者與交棒跑者之間傳遞接力棒
頂風	吹向運動員的風向
賽次	互相競爭的一組運動員

名詞	解釋
間歇訓練	交叉進行指定時間（通常為 2 至 5 分鐘）的最大努力奔跑，以及「恢復時間」的慢跑。休息時間通常與跑步時間一樣長。這是一種有氧運動。
慢跑	慢速奔跑
最後衝刺	加快速度，比賽最後階段的奔跑速度
前導腿	跳高、跳遠或投擲時，首先離地的腿
第一棒	接力賽隊伍的第一位跑者
起跑線	運動員賽跑或跳高跳遠的起點
超距離	以穩定的步速，連續跑超過 10 分鐘，是長跑或競走訓練的基礎。這是一種有氧運動，也是唯一一種全年進行的運動。長距離慢跑（LSD）是以大約 65% 的最大攝氧量的速度完成。
步速	跑過或走過某段距離的速度
交棒者	遞出接力棒的接力賽跑者
棄權	運動員在輪到自己上場的時候，拒絕起跳或投擲
沙坑或跳高墊	跳高或跳遠的著地區，通常會充滿沙或鋸木屑（跳遠）或人造材質（跳高）
接棒者	接力賽中接過接力棒的運動員
起跳線或起擲線	在投擲及跳高、跳遠項目，不得跨越的界線
扇形著地區	鉛球與壘球投擲的著地區
一盤比賽	重複的比賽動作，隨後是休息時間
鉛球	用於鉛球比賽的鐵球、塑膠球，或銅球
短跑訓練	50 至 150 公尺的重複快跑（超過跑者的基本速度的 75%），並有休息時間，能讓跑者完全恢復體力。這是一種無氧運動
梯形起跑	2 百公尺、4 百公尺、8 百公尺、1 百公尺四圈，以及 4 百公尺四圈接力賽的起跑方式，跑者從跑道彎曲處的不同位置起跑
準備動作	運動員特有的開始姿勢
起跑器	設置在跑道上，位於起跑線後方的金屬架，在短跑開始前支撐雙腳
直線跑道	跑道上從一個轉彎，到下一個轉彎之間的直線部分

名詞	解釋
步幅	運動員奔跑時雙腿之間的距離
起跳	離地的動作
起跳腳	運動員用以推進身體離地的腳
起跳點	運動員離開地面的地方
技法	運動員展現技巧的方法
抵趾板	鉛球運動所用的限制板，運動員不得跨越
目視傳遞	在接力賽的交棒過程中，接棒跑者回頭看著交棒跑者與接力棒，並接過接力棒
暖身	強烈運動之前，逐漸升高體溫，放鬆肌肉的過程

概論：跑步的基本技巧

　　特殊奧運運動員的首要身份是運動員。對所有的運動員來說，跑步的基本技巧都是一樣。要記住，你的運動員有幾位可能有肢體殘障。你可能需要跟他們一起調整他們跑步的方法。身為教練，你可能也必須調整你的指導方式。下列的方法最有助於你的運動員的學習：

- 了解運動員的能力。
- 簡單調整技法與訓練內容。
- 持續挑戰運動員，並且給他們體驗成功的機會。

短跑者

長跑者

指導要點：基本跑步技巧

1. 步伐越快，運動員奔跑的速度就越快。

2. 運動員快速奔跑時，腳後跟必須高舉到臀部下方。

3. 運動員奔跑的速度，取決於腿的移動速度與步幅。

4. 培養正確的跑法。

5. 將臀部抬高，軀幹與頭位於臀部正上方。

6. 手臂放鬆懸垂於身體兩側。

7. 雙手輕輕握住，拇指朝上。

8. 稍微往前傾，腳踝彎曲，直到身體的重量集中在雙腳的前腳掌。

9. 雙臂彎曲，雙手放在臀部上方，上臂與前臂呈垂直 90 度。

10. 頭部維持在中立的位置，向前看，臉部肌肉放鬆。

基本跑步技巧教學（技巧培養）的訣竅

1. 示範理想的跑步方法。一定要將臀部抬高，還要強調肩膀與手臂放鬆。

2. 要求你的運動員以雙腳的前腳掌快速行走。

3. 要強調跑者的腳要碰觸身體下方的地面，而不是身體前方的地面。

4. 要求運動員直接跑向你。觀察運動員的雙肩是否與地面平行，上半身不會來回扭動。

5. 要求運動員面向你或一名伙伴站著。要求運動員模仿你身體的姿勢。

6. 用棍子或掃帚柄，示範挺直的姿勢。

7. 播放影片可以檢視你的運動員的身體姿勢。讓你的運動員看見自己跑步的影片，指出值得肯定與需要改進的地方。

8. 基本跑步訓練永遠不嫌多。

9. 鼓勵你的運動員至少在家裡訓練兩、三天。

10.　要有耐心。

概論：起跑

在任何徑賽，成功的起跑都很重要。徑賽的距離多長並不重要。特殊奧運的基本起跑方式，與任何田徑項目都一樣。但你可能要依據你的運動員的學習需求，調整你指導起跑的方式。運動員的起跑方式，可能也會受到自身能力影響。

短跑通常以使用起跑器的起跑開始。在特殊奧運的短跑項目（4百公尺以下），運動員可以站立起跑，也可使用起跑器。有些運動員因為平衡感與移動能力的問題，無法使用起跑器。要一一評估每一位運動員的狀況，找出最適合的起跑方式。記得也要挑戰運動員！在長跑項目，所有運動員都是站立起跑。一定要了解起跑的相關規則。

起跑含有二至三個基本指令

各就各位

預備（僅限於 4 百公尺以上）

跑

要注意「跑」的指令通常是以鳴槍或哨聲代替。你可能必須為聽障或視障運動員設計其他的起跑指令。

起跑器起跑

運動員應以自己能感到舒適的方式，架設起跑器。教練與運動員應討論是否使用起跑器。如果確定要使用起跑器，也要敲定使用起跑器訓練的時機與頻率。運動員與教練之間的溝通向來很重要。教練必須記住，運動員的體能與活動範圍，可能會影響其使用起跑器起跑的能力。

設置起跑器

1. 將起跑器朝著起跑的位置擺放。
2. 將起跑器放在與起跑線相隔一個腳掌的距離（起跑器起跑一）。
3. 將前踏板安排在與起跑線相隔兩個腳掌的距離（起跑器起跑二、起跑器起跑三）。
4. 將後踏板安排在與起跑線相隔兩個半至三個腳掌的距離，或是安排在與前踏板相隔一個腳掌的距離（起跑器起跑四）。

起跑器起跑一

起跑器起跑二

起跑器起跑三

起跑器起跑四

注意：你可能需要依照你的運動員的偏好調整起跑器。上述是設置起跑器的理想方式。經過練習之後，你就能幫助你的運動員確認並記錄設置起跑器的方式。

指導重點：起跑器起跑

1. 特殊奧運運動員的標準起跑器設置方式，與其他運動員相同。教練應考量運動員是否有能力自行設置起跑器。你可以與運動員一起商量出一套策略或慣例，讓運動員自行設置起跑器。

- 運動員必須能保持「各就各位」的位置不動。

2. 運動員應將身體的重量均勻分散到雙手與後膝。

3. 運動員必須要能採取並維持平衡的「預備」姿勢，包括在起跑線後方，將重心維持在雙手。

4. 聽見起跑槍聲，運動員先是後腳往前，開始跑動。

指導重點：站立起跑訓練
使用兩個指令的起跑：「各就各位」、起跑鳴槍

1. 在聽見「各就各位」指令之前，運動員的重心應放在後腳。

2. 聽見「各就各位」指令，運動員應將重心移往前腳。

3. 運動員就賽跑姿勢，等待鳴槍起跑。

4. 聽見鳴槍就起跑。

使用三個指令的起跑：
「各就各位」、「預備」、鳴槍

1. 運動員採取同樣的初始姿勢（重心位於後腳）。
2. 在「各就各位」指令之後，「預備」指令之前，運動員將重心從後腳轉向前腳。
3. 運動員就賽跑姿勢，等待起跑鳴槍。
4. 聽見鳴槍就起跑。

插入 2.11 站立起跑影片

起跑訓練

訓練名稱	雙人推擠訓練	目的	培養手臂與腿部的驅動力 教練可評估運動員的起跑效率
重複次數	八次乘以三至四步	使用時機	技巧訓練的初期

教學重點		
1. 就預備姿勢。 2. 教練站在運動員面前。 3. 教練將雙手放在運動員的肩上。 4. 聽到指令，運動員猛然向前，做出起跑姿勢。 5. 教練負責施加阻力，給予協助。		

強調重點
● 膝蓋猛然大力向前推動。 ● 手臂用力推。

訓練名稱	八步訓練	目的	提升起跑的力量 培養具有爆發力的移動模式 培養一致的步伐與步頻
重複次數	八次乘以八步	使用時機	技巧訓練的初期

教學重點

1. 從起跑指令開始。
2. 只用八步離開起跑器。

強調重點

- 距離越遠，時間要越短。
- 手臂與腿部的動作要強而有力，具爆發力，且協調。

訓練名稱	雙人起跑訓練	目的	提升手臂的力量與協調 減少聽見起跑指令或鳴槍的反應時間
重複次數	八次乘以五至十步	使用時機	技巧訓練的初期

教學重點

1. 採取平常的伏地挺身姿勢。
2. 將膝蓋下壓至跑道。
3. 發力的腿往前移。
4. 將後腳移至前腳後方大約 12 英寸處。
5. 聽見指令就起跑。

強調重點

- 膝蓋快速驅動：爆發力

起跑器起跑教學（技巧培養）的訣竅

1. 練習架設起跑器幾次。與你的運動員一同商量架設起跑器的策略。

2. 前腿要用力向後蹬，以提供離開起跑器所需的動力。

3. 身體要向前，也要向上移動。

4. 重複練習 10 公尺、20 公尺，以及 30 公尺的起跑，同時維持良好的短跑狀態。

5. 專注練習聽見起跑指令的反應。

6. 強調要以手臂的動作，迅速脫離起跑器。

7. 強調要用力蹬向地面或起跑器的踏板。

8. 強調後腳踏出的第一步，必須跨過起跑線。

9. 將有顏色的膠帶，貼在起跑線前方兩公尺處，給運動員聚焦的目標。

10. 強調起跑首先要後腳往前，前臂往後。

11. 練習一聽見鳴槍或起跑指令，手臂與後腳就開始動作。

12. 在你的運動員的許可之下，你可能需要動手將他們的雙腳與雙手安置在正確的位置。只有在他們學習的階段，你才能這樣做。到了正式比賽，他們必須能夠獨自以起跑器起跑。

13. 要練習以推動力（運動員的前腿用力蹬起跑器）脫離起跑器，可以安排運動員從固定位置向上跳，以及從固定位置向上跳之後再回到原位。

正式比賽以起跑器起跑的訣竅

提醒你的運動員要：

1. 如果無法設置起跑器，要舉手告知官員。

2. 慢慢以正確的方式設置起跑器。

3. 身體要退向起跑器。

4. 養成慣例，勤於練習，在比賽中照做。

5. 休息，呼吸。

你的運動員可以

- 進行站立或起跑器起跑。
- 維持臀部抬高的挺直姿勢。
- 起跑時以雙腳的前腳掌蹬踏跑道。
- 著地時一隻腳在身下往後移動。
- 膝蓋抬高，大腿與跑道（橫向）平行。
- 出力的腳離地時，仍可維持腳後跟抬高的恢復動作。
- 維持高高的姿勢，身體從地面稍微前傾，而不是從腰部往前傾。
- 在不旋轉肩膀的情況下，手臂前後擺動。
- 雙腳保持收縮，腳趾朝上。
- 在整場比賽正常短跑。

概論：短跑（1 百公尺至 4 百公尺）

　　力量與協調是產生速度的關鍵。我們藉由良好的跑步技巧與協調能力，能提升跑步的速度。詳細資訊請參閱「基本跑步技巧」章節。

　　速度取決於兩大重要因素：

- 步長（每一步的長度）。
- 步頻（跨步的頻率）。
- 提升步長與步頻，就會提升你的速度。

　　短跑分為四大階段：

- 起跑。
- 加速。
- 維持動力。
- 最後階段。

　　教練必須分解每一個階段，讓運動員更容易理解與學習。

起跑階段

詳細資訊請參閱「起跑」章節。

短跑各階段的指導重點

指導重點：加速階段

起跑之後就是加速階段的開始。

1. 加速是以發力腿驅動或蹬踏，直到筆直為止。

2. 自由腿驅使著重心腳的重心壓低，速度加快。

3. 運動員的身體必須向前傾。越是向前傾，就越能加速。

4. 手臂的劇烈動作，能維持平衡、節奏，也有助於放鬆。

5. 最好能有良好的示範供運動員參考，包括這種技巧的照片或影片，運動員就更能了解自己該做什麼。

指導重點：維持動力階段

這個階段的重點是維持速度。

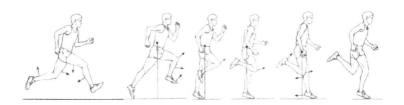

1. 運動員必須將理想的基本技巧，與他們在加速階段創造的速度結合。
2. 重點如下：
   a. 姿勢／身體的位置。
   b. 頭部的位置。
   c. 手臂的動作。
   d. 腿的動作。

指導重點：最後階段

這是需要好好練習的重要技巧。運動員的胸部穿過終點線的時間，就是最終完成的時間。在短跑的最後階段，運動員應該保持良好的跑步姿勢，以及正常的步伐。

在比賽的最後階段，運動員應該要：

- 要穿過終點線，而不是跑到終點線就停下來。教練可以要求運動員假裝終點線位於實際位置後方的幾公尺，就能學會貫穿終點線。還能鼓勵運動員維持動力。
- 運動員應該要衝向前，傾身穿過終點線。
- 教練可以創造不同的學習情境，例如安排幾個人站在終點線的不同位置，運動員就能在類似比賽的環境練習，體驗實際比賽的最後階段。

短跑訓練

訓練名稱	踢步	目的	培養腿部快速動作 養成步伐正確的習慣
重複次數	三次乘以 30 公尺	使用時機	暖身

教學重點

1. 臀部抬高。
2. 將一條腿屈膝抬高。
3. 將懸空腿的膝蓋打直。
4. 收回伸出的腿，將重心移至站立腿的前腳掌。
5. 每踢一步就換另一條腿踢。
6. 慢跑回到起點。
7. 重複先前的步驟。

強調重點

• 腳跟牽動臀部

訓練名稱	快步跑	目的	訓練長跑的腿部快速動作
重複次數	三次乘以 30 公尺	使用時機	暖身

教學重點

1. 臀部抬高。
2. 在原地跑步，腳跟抬高至臀部下方。
3. 以中等長度的步伐往前跑。
4. 膝蓋稍微抬高。
5. 上半身打直，稍微前傾。
6. 頭部保持水平，稍微前傾。
7. 保持手臂輕鬆揮動。
8. 全程以平穩的步伐奔跑。
9. 快步衝回起點。
10. 重複以上步驟。

強調重點

• 從膝蓋開始，再伸展腿部。
• 腳是收縮的。
• 腿部壓低的速度非常快。

訓練名稱	腿部快速移動訓練	目的	訓練腳及腿快速移動
重複次數	三次乘以 10 至 15 秒	使用時機	暖身

教學重點

1. 臀部抬高。
2. 兩腿膝蓋快速交互抬高。

強調重點

- 雙腿與雙臂動作迅速。
- 著地時間較少。

訓練名稱	膝蓋拍手	目的	練習挺直向前的跑步姿勢 培養良好的身體平衡
重複次數	三次乘以 30 公尺	使用時機	暖身

教學重點

1. 臀部抬高。
2. 手舉到胸部的高度。手掌打開朝下，
   手肘彎曲。
3. 膝蓋抬高碰觸手掌，腿部迅速移動。
4. 雙腿交互動作。
5. 快步衝回起點。

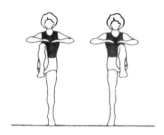

強調重點

- 從膝蓋開始，再伸展腿部。
- 腳是收縮的。
- 腿部壓低的速度非常快。

提升技巧的訓練：短跑

觀察到的行為	教練糾正	訓練／測試
雙臂與雙肩轉動	軀幹要保持與跑步的方向相同	一邊跑一邊練習 坐在地上，腿伸向前，雙臂做「跑步」動作
運動員沒有挺直身體跑步	確認出力腿完全伸展（蹬踏）	跳躍與邁步
運動員很緊繃（拳頭握緊，肩膀抬高）	練習在放鬆的狀態跑步 強調正確的呼吸方式	練習放鬆與呼吸技巧
運動員在跑道迂迴行進	雙腳應與跑道線平行	跑在跑道線與跑道線的中間

短跑教學（技巧培養）的訣竅

1. 練習正確的手臂動作：

    a. 站在運動員面前，要求運動員以自己的手拍打你的手，手臂的動作要正確。

    b. 一邊跑步一邊練習。

    c. 坐在地上，雙腿向前伸。坐著就比較難轉動軀幹，手臂的動作比較容易保持正確。

2. 站在運動員面前，要求運動員在原地跑步，他們的膝蓋要碰到你的雙手。如此可幫助運動員學會以正確的方式抬高膝蓋。

3. 練習在不同的跑道跑步，要確認你的運動員能在任何一個跑道跑步。

4. 要提醒運動員，在短跑比賽中，每個人都要停留在指定的跑道。利用塔架或圓錐體，指導運動員停留在正確的跑道。要記住，在正式比賽無法使用塔架與圓錐體。運動員在開始比賽之前，必須停留在跑道內。

5. 練習在直線跑道與彎道短跑。

6. 要求你的運動員聚焦在終點線。練習的時候可以安排運動員站在終點區不同的地方。

短跑比賽的訣竅

提醒你的運動員要：

1. 放輕鬆。

2. 專注在技巧上。

3. 要傾身穿過終點線。

你的運動員可以

- 進行站立或起跑器起跑。
- 維持臀部抬高的挺直姿勢。
- 以正確的短跑方式，從起跑器跑到第一個欄架。
- 前腿的膝蓋先抬起，再伸出稍微彎曲的前腿，跨過欄架。
- 後腿跨過欄架上方，膝蓋與腳掌朝外。
- 後腿的膝蓋要比腳掌高，腳趾要比腳跟高。
- 繼續將膝蓋抬向胸部。
- 前腿放下，以前腳掌著地。
- 後腿向前，以前腳掌直接踩在跑道上。
- 以三步或五步的結構，完成跨欄短跑。
- 從最後一個欄架，跑向終點線。
- 在整場比賽正常短跑。

跨欄賽跑

　　跨欄賽跑需要理想的短跑與跨欄技巧。運動員若是能迅速有效率地跨過欄架，繼續衝刺，就能跑得更快。

　　優秀的跨欄跑者會跨過，而不是跳過欄架。重點在於節奏。運動員跨越欄架，步姿必須儘量保持不變。運動員在各欄架之間的步數，應該儘量保持一致。要成為優秀的跨欄跑者，基本的步速也很重要。

　　跨欄賽跑訓練，是學習正確技巧的理想方法。欄架的重量很輕，可摺疊，也可調整高度，非常適合跨欄技巧練習與室內訓練。

　　教練在教授跨欄賽跑之前，必須先評估運動員的體能。要確認運動員具備機動性與靈活度，才能學會以正確的方式進行跨欄賽跑，也才能降低受傷的風險。要記得！機動性與靈活度往往可以藉由訓練提升。

指導重點：跨欄賽跑

1. 在起跑器就起跑位置。前腳放在後面的起跑架。
2. 聽見起跑指令，從起跑架快速跑向第一個欄架。維持理想的短跑姿態，身體挺直。運動員應在跑八步之後，抵達第一個欄架。
3. 前腿稍微彎曲，跨過欄架，抬高前腳掌，以另一邊的手肘與下臂保持平衡。
4. 後腿的膝蓋與腳掌朝外，後腿跨過欄架。膝蓋要高於腳，腳趾要高於腳跟。
5. 繼續將膝蓋抬到胸部的高度。
6. 前腿的前腳掌著地。
7. 後腿伸向前，前腳掌直接踏在跑道上。
8. 在欄架之間衝刺快跑。
9. 在欄架之間奔跑的步數要保持一致。
10. 從最後一個欄架快速跑向終點線。

起跑

跨欄

著陸

提升技巧的訓練：跨欄賽跑

觀察到的行為	教練糾正	訓練／測試
後膝／後腳撞到欄架	後腿必須與欄架平行。腳要往下垂。臀部必須要有強大的屈肌	提升臀部與周圍肌肉的靈活度運動
運動員在離欄架太遠的地方著陸	調整步長，讓運動員在離欄架遠一點的地方起跑	練習調整過後的步長，要用力下壓前腿
處理第一個欄架的表現不穩定	增強信心 增強力量，並提升從起跑架起跑的表現 重心放低，專注在第一個欄架	在欄架旁邊練習 把重點放在步長與步速

跨欄賽跑的訓練

訓練名稱	膝蓋抬高	目的	培養膝蓋的驅動力 培養協調能力
重複次數	三次乘以 30 公尺	使用時機	暖身

教學重點

1. 臀部抬高。
2. 一邊行走，一邊交互抬高兩腿膝蓋，要儘量抬高。
3. 逐漸增加步速，從行走加速到慢跑。
4. 慢跑或快走回到起點。

強調重點

- 重心停留在前腳掌。
- 身體要保持稍微前傾。

訓練名稱	跳躍行走	目的	訓練腿部快速移動 養成正確踏步的習慣 培養跨欄的節奏
重複次數	一條腿重複兩次	使用時機	暖身（有無欄架均可）

教學重點

1. 放置八至十個欄架，相隔大約 1.8 至 2.4 公尺。
2. 臀部抬高。
3. 從第一個欄架開始，跳躍行走 1 公尺。
4. 一條腿彎曲抬起，越過欄架。
5. 腿從膝蓋下方開始伸展。
6. 腿放下，以前腳掌著地。
7. 每隔一次跳躍行走，就跨過
   一個欄架。
8. 慢跑回到起點。
9. 用另一條腿重複以上步驟。

強調重點

- 先以膝蓋發力，再伸展腿
- 腳要屈曲
- 腿放下的動作非常快

跨欄賽跑教學（技巧培養）的訣竅

1. 親自示範後腿跨欄，讓你的運動員看見技巧的展現方式。示範的時候，前腳要站在欄架橫梁前方 3 公分的地面上。
2. 安排運動員練習在欄架旁邊行走，只以前腿跨欄。再換成只用後腿，重複一次。
3. 在欄架旁邊練習，把重點放在步長與步速。
4. 先用三個欄架練習，學會以前腿及後腿跨欄。
5. 等到你的運動員的技巧有所進步，安排他們練習從一個欄架跑五步，到下一個欄架。等到運動員學會之後，再進階到三步。
6. 使用照片或影片，介紹理想的跨欄方法。照片與影片最好能完整呈現整個過程：接近、啟動、展開、後腿跨欄、著地。
7. 要記住！跨欄是一種奔跑動作，並不是跳動。
8. 練習將左腿與右腿分別當成跨欄的前腿與後腿，直到運動員養成三或五步跑到下一個欄架的習慣。
9. 鼓勵需要提升靈活度的運動員在家額外做些伸展動作。
10. 要努力提升運動員的信心。

跨欄賽跑比賽的訣竅

提醒你的運動員要：

1. 在跑道暖身的時候，要兩、三次起跑到第一個欄架。
2. 以視覺畫面，練習跨欄及三、五步跑到下一個欄架。
3. 要記住！跨欄跑者是短跑者，因此暖身也要比照短跑。

你的運動員可以

第一棒

- 從起跑器起跑，或站立起跑。
- 邊跑邊拿著接力棒。
- 以抬高臀部，身體挺直，稍微往前傾的方式進行短跑。
- 跑過彎道時要停留在自己的跑道。
- 依照指定的方法，在接棒區交出接力棒。

第二棒

- 依照指定的方法，在接棒區接過接力棒。
- 邊跑邊拿著接力棒。
- 以抬高臀部，身體挺直，稍微往前傾的方式進行短跑。
- 跑過直線跑道。
- 依照指定的方法，在接棒區交出接力棒。

第三棒

- 依照指定的方法，在接棒區接過接力棒。
- 邊跑邊拿著接力棒。
- 以抬高臀部，身體挺直，稍微往前傾的方式進行短跑。
- 若是一百公尺四圈的比賽，就要跑過彎道，要停留在自己的跑道。
- 依照指定的方法，在接棒區交出接力棒。

第四棒「最後一棒」

- 依照指定的方法，在接棒區接過接力棒。
- 邊跑邊拿著接力棒。
- 以抬高臀部，身體挺直，稍微往前傾的方式進行短跑。
- 跑過彎道。
- 往前衝，身體前傾穿過終點線。

概論：接力賽跑

接力賽跑的接力棒傳遞，是最難教的觀念之一。

教練必須將接力棒傳遞，納入日常訓練課。要依據運動員的優勢安排棒次。有些運動員比較擅長交出接力棒，比較不擅長接過接力棒。每一個棒次所需要的技巧不同（見下表）。正式的特殊奧運田徑規則，涵蓋正式比賽的所有接力項目。

初階與進階交棒

初階交棒：執棒者以右手執棒。接棒者以左手接棒，接到之後立刻換到右手。運動員在換手的時候，可能會不小心將接力棒掉在地上。不然就是跑步會受到接棒過程影響。

進階交棒：接棒者接到接力棒之後，毋須換手。接力棒在各棒次的傳遞情形如下：

棒次	運動員的角色
第一棒	右手執棒
第二棒	左手接棒，左手執棒，並以左手交棒，站在跑道的右側
第三棒	右手接棒，右手執棒，並以右手交棒，站在跑道的左側
第四棒或「最後一棒」	左手接棒，左手執棒，站在跑道的右側

若情況許可，建議安排運動員學習進階交棒。

接力棒必須確實放在等待的跑者的手掌裡。這種交棒方式，有兩種常見的教學法。

- 上挑式交棒
- 下壓式交棒

教練應選擇最適合運動員的方式。下壓式交棒法較多人使用，運動員也比較容易學習。跑者能看見放置接力棒的地方。

上挑式交棒的教學重點

1. 接棒跑者接到交棒跑者的指示，開始衝刺跑。
2. 接棒跑者要接棒的手往後伸，呈現倒 V 字型（見圖）。
3. 交棒跑者將接力棒以上挑式交棒的方式，放在接棒跑者的手裡。
4. 接棒跑者從交棒跑者接過接力棒，開始衝刺跑。

下壓式交棒的指導重點

1. 接棒跑者接到交棒跑者的指示，開始衝刺跑。
2. 接棒跑者要接棒的手往後伸，幾乎與跑道平行。
3. 接棒跑者的手掌朝上，呈現 V 字型，拇指朝向軀幹。
4. 交棒跑者將接力棒以下壓式交棒的方式，放在接棒跑者的手裡。
5. 接棒跑者從交棒跑者接過接力棒，開始衝刺跑。（見圖）

指導重點：目視傳遞接棒

1. 接棒運動員站在跑道右側，第一區界線（離起跑線最近）的前方。
2. 發力的腿往前。從左肩往後看。
3. 左手往後伸，身體的重心稍微前傾。
4. 從左肩往後看，看著交棒跑者。
5. 等到交棒跑者抵達接棒區 4 至 5 公尺遠的地方，接棒跑者就開始往前跑。
6. 接棒跑者的左手持續往後伸，手指指向左方，拇指朝下，手掌朝上。
7. 看著交棒跑者將接力棒朝下放在接棒跑者的左手。
8. 接棒跑者轉頭看向前方，繼續奔跑，將接力棒移到右手。

1 百公尺四圈的接力賽

1 百公尺四圈與 2 百公尺四圈接力賽的所有跑者，在比賽全程都必須停留在指定的跑道。

棒次	處理接力棒的能力	運動員的強項
第一棒	交棒	• 起跑能力佳，加速與平衡能力強 • 能跑過彎道，並停留在跑道內
第二棒	接棒 交棒	• 跑得非常快 • 有能力跑過較長的直線跑道 • 速度與耐力極佳
第三棒	接棒 交棒	• 能跑過彎道，並停留在跑道內
第四棒或「最後一棒」	接棒	• 最有競爭力的跑者 • 有能力追上並超越其他跑者 • 始終是最後一棒

1 百公尺四圈接力賽跑交棒（技巧培養）的指導訣竅

1. 握住接力棒

    a. 在接力棒上貼一圈膠帶，代表運動員應該握住的地方。

2. 接棒

    a. 與運動員一同確認所有的二十公尺接棒區。

3. 練習將要接棒的手往後伸。用哪一隻手接棒，取決於接棒的方式。

4 百公尺四圈接力賽跑

目視傳遞接棒通常用於 4 百公尺四圈的接力賽跑，亦可用於 4 百公尺（1 百公尺四圈）的接力賽跑。但接棒可能需時較久。

在 4 百公尺四圈的接力賽跑，第一棒跑者必須在指定的跑道內跑完一整圈。第二棒跑者在越過第一個轉彎後，可以轉換到第一跑道。第三棒及第四棒跑者在接棒之後，可以轉換到第一跑道。但每一位跑者都不能妨礙另一位跑者。

棒次	運動員的角色
第一棒	幫助隊伍取得領先 必須有衝勁，有力量，有步速的概念 能在指定的跑道跑完一整圈
第二棒	為隊伍留住取勝的希望 身體必須夠強壯，能承受碰撞 必須能越過轉折點 如果全隊並未領先，就要負責取得領先
第三棒	幫助隊伍取得領先 必須能夠趕上領先者，或是保持或擴大領先優勢 通常是隊上第二厲害的跑者
第四棒或「最後一棒」	取得勝利，結束接力賽 必須能夠趕上領先者，或是保持領先優勢 能夠趕上並超越其他跑者 第四棒通常是最強最快的一棒，是陣中的「快馬」

提升技巧的訓練：接力賽跑

觀察到的行為	教練糾正	訓練／測試
交棒跑者撞到接棒跑者	接棒跑者可能需要快一點起跑 接棒跑者可能並沒有站在跑道正確的位置	改正起跑姿勢 反覆練習逐漸加速，直到全速奔跑
在接棒區之外的地方交棒接棒	接棒跑者可能要晚一點起跑	練習讓交棒跑者在同一個地方喊出指令 秘訣：在跑道上做記號
交棒跑者無法將接力棒放在接棒跑者的手裡	接棒的手臂必須處在正確的高度與角度 運動員練習讓接棒的手臂保持穩定	接棒跑者需要留意手臂的正確姿勢 接棒跑者需要進行增強訓練，將手臂維持在正確的姿勢

交棒訓練
插入影片 3.22 交棒訓練

接力賽跑教學（技巧培養）的訣竅

1. 示範正確的起跑姿勢。
2. 示範正確的接棒與交棒的手部姿勢。
3. 示範接棒跑者的準備姿勢。
4. 在行走、慢跑，以及實際比賽的環境練習交棒。
5. 強調要以最快速度交棒完成。
6. 示範接力賽每一個棒次的交棒。
7. 儘快決定棒次。
8. 要提醒運動員，交棒跑者必須全程停留在指定的跑道，即使在交棒後也一樣。而且絕對不能干擾其他跑者。
9. 鼓勵接力賽跑者在訓練的其他時間拿著接力棒，例如在調節時間，以及短跑訓練。運動員拿著接力棒會更自在。

10. 提醒交棒跑者要用跑的交棒，也就是說到了接棒區，也不要放慢速度。鼓勵他們若是發現接棒跑者跑得太快，或跑得太早，導致無法在接棒區完成接棒，就要呼喚接棒跑者。
11. 在跑道上貼膠帶，指出接棒跑者與交棒跑者的位置。

接力賽跑的訣竅

1. 提醒你的運動員要有自信，不要緊張。要是缺乏自信，不夠專注，交棒就容易出錯。

中程賽跑主要技巧清單

你的運動員可以

- 跑更長的距離（4百公尺、8百公尺、1千5百公尺）。
- 控制自己的步速（或是能學習控制）。
- 展現速度、力量與耐力。
- 維持臀部抬高，身體挺直的姿勢。
- 力量從後腳跟轉移到前腳掌，再推離地面。
- 腳的動作要有彈力、有節奏，而且輕盈。
- 手臂的動作要很放鬆，但克制。
- 肩膀不要弓著，手肘要往內收。
- 身體要放鬆，移動要有效率。

概論：中程賽跑

中程賽跑是最困難的田徑項目，因為說穿了就是長途衝刺跑。8百公尺與1千5百公尺的比賽，算是中程賽跑。訓練的目的是為了培養列舉的技巧。訓練計畫應符合個人需求。

中程賽跑的訓練

步速是中程賽跑訓練的重點。教練必須在訓練的量與強度之間取得

平衡。運動員必須打好有氧運動的底子，最好能控制自己的步速，但速度也是訓練重點之一。中程跑者需要很好的耐力，才能在比賽期間維持一定的速度。

中程跑者應該要努力維持教練指定的步速。例如在 1 千 6 百公尺的訓練跑，運動員跑 4 百公尺四圈，應該每一圈都用 2 分鐘跑完。教練也可設定運動員要在多少時間內跑完某段距離，例如每 3 分鐘跑完 2 百公尺。運動員若要提高挑戰難度，可以加快速度，或減少時間。

運動員可以透過「衝刺」練習以提升速度，例如在跑道每隔一段距離設置一個圓錐。運動員先是以正常步速跑向第一個圓錐，然後再「衝刺」，也就是加速，跑向下一個圓錐，接著繼續交替使用正常速度與「衝刺」速度。

站立起跑

所有的長跑跑者，都必須站立起跑。所有的長跑比賽，都是以兩個起跑口令開始。詳細資訊請參閱「起跑」章節。

中程賽跑技巧的指導重點

教練指導中程跑者，必須找到每一位運動員的速度與耐力的正確組合。

1. 運動員應該要找到合適的步幅與節奏，不要跨太大步。
2. 中程賽跑與短跑不同，前腳掌碰觸地面較少，後腳跟碰觸地面較多。力量從後腳跟轉移到前腳掌，再推離地面。
3. 膝蓋有些彎曲。
4. 膝蓋抬起的高度比短跑者低。
5. 腳跟抬高的程度不如短跑者。
6. 腿的動作很平穩。
7. 手臂從肩膀擺動。手肘處大約呈 90 度彎曲，但在往下擺動時，能稍微伸直一些。手臂與肩膀應該要放鬆。
8. 頭擺正，下巴放平，將注意力集中在前方 20 至 30 公尺。

觀察到的行為	教練糾正	訓練／測試
跑者的身體不夠挺 （下巴太低）	提醒運動員要： 下巴抬高一些 肩膀要往後放 保持這個姿勢	練習糾正項目
跑者似乎上下跳動 （過度跳躍）	提醒運動員要： 以手肘拉動 手腕必須從臀部移動到下巴	練習糾正項目 一邊站著，一邊做手臂動作
跑者在「扭動」	提醒運動員要： 保持軀幹往前，腳趾朝向前方	安排跑者沿著一條線跑，或 跑在跑道內側

中程賽跑的訓練

　　一般而言，8百公尺跑者的持續時間並不會很長，不在跑道上跑的時候，大概是 25 至 35 分鐘，長跑的時候則是 45 分鐘至 1 小時。要記住：重點在於在長距離維持相當的速度。

訓練名稱	俄式訓練	目的	提升持久速度
重複次數	五次（長期增至十五次）	使用時機	賽季中

教學重點

1. 以比賽速度的 3/4，跑 2 百公尺五圈。
2. 每跑 2 百公尺，休息 45 秒。
3. 重複五次後，休息 3 分鐘。
4. 重複。

強調重點

● 運動員培養持久速度

中長跑（Distance Run）

中程跑訓練應該包括中長跑。中長跑依照費力程度及所需的恢復，主要分為兩種。

1. 中長跑：持續時間為 35 至 40 分鐘。步速是固定的，所以跑者的壓力不會太大。中長跑應該是在平坦柔軟的表面持續進行。中長跑在賽季初較常進行。不要擔心時間的問題。隨著賽季推進，跑的距離每多一英里都要留下記錄，也要進行必要的修正。

2. 上坡跑較為困難。一開始最多 20 分鐘的階段，是在平坦的表面上跑。接下來的 30 分鐘，就必須有一連串上坡跑，或是一路向上的上坡跑。如同長程慢跑，不要太擔心時間的問題。

間歇訓練（Interval Training）

下列是幾種間歇訓練的例子。範例的恢復時間列舉如下。教練可視需要調整。

	增加速度／減少恢復的重複訓練	俄式間歇訓練	加強重複訓練
間歇	2 百公尺四圈	固定速度 3 百公尺三圈	固定速度 4 百公尺四圈
組數	兩組	兩組	一組
各組的恢復		30 秒慢跑 1 百公尺	90 秒
各組之間的恢復	各組之間毋須額外的恢復時間	慢跑 8 百公尺	

中程跑教學（技巧培養）的訣竅

1. 示範有指令的站立起跑（請參閱起跑章節）。
2. 示範並練習在正確的時機切入第一跑道。
3. 練習 8 百公尺賽跑的第一個轉彎的梯形起跑。
4. 示範並練習如何安全超越另一位跑者。從外側繞過另一位跑者，等到超前這位跑者兩步，再切入跑道。
5. 跟跑者一起跑，或是騎單車跟在跑者旁邊，以控制跑步的速度。碼錶、計步器，以及附有 GPS 的錶，也能用於掌握跑步的速度。
6. 在比賽的某些距離，與運動員一起進行分段計時。
7. 務必讓運動員在訓練之後能有充足的恢復時間。
8. 比賽訓練：要多多模擬比賽環境，而且越貼近實際比賽環境越好（例如在每次練習的開頭，安排兩項起跑指令）。
9. 知道運動員若是跑步表現不佳，應該在何時停止訓練。練習的速度慢，比賽的速度就會慢。

中程賽跑的訣竅

1. 規劃比賽。
2. 徹底熱身。
3. 保留精力到比賽的最後階段發揮。
4. 進行比賽與規劃。
5. 若是有其他跑者想超越你，就要加速衝刺。
6. 除非你打算持續領先，否則不要領先。
7. 如果沒有領先，也要與領先者拉近距離，要保持在能超越的距離之內。
8. 對於其他跑者的動作，要有所回應。
9. 要避免落後，或被圍困。

請參閱中長跑附錄的 8 百公尺賽跑的 8 週訓練計畫的範例。
點選此處下載 8 百公尺賽跑的 8 週訓練計畫的範例。

長跑主要技巧清單

你的運動員可以

- 跑更長的距離。
- 控制自己的步速（或可以學著控制）。
- 維持臀部抬高，身體挺直的姿勢。
- 把重心放在後腳跟，再轉移到前腳掌，然後推離地面。
- 腳的動作要有彈力、有節奏，而且輕盈。
- 手臂的動作要很放鬆。
- 肩膀不要弓著，手肘要往內收。
- 身體要放鬆，移動要有效率。

概論：長程賽跑（3 千至 1 萬公尺）

　　長跑項目很適合喜歡跑步的運動員。長跑運動員必須長期每週訓練。妥善規劃的訓練計畫，是長跑比賽取勝的關鍵。訓練必須要一貫，而且要循序漸進。訓練課程的設計，必須能挑戰運動員的身心。訓練的目的，是幫助運動員將潛力發揮到極致，並儘量累積競賽經驗。

　　注意：下一節會討論半程馬拉松與馬拉松比賽與訓練。

長程賽跑訓練

　　長跑跑者的訓練方法分為幾種。訓練計畫的設計，應依照運動員的體適能與技巧水準。訓練計畫應該時常檢視，並依據運動員的進步程度，適時調整。訓練方法一定要有變化。不同類型的訓練的目標不同。兼具平衡與變化的訓練計畫，能幫助運動員培養所有重要的能力。

長跑訓練法

間歇訓練

- 重複訓練跑（通常是在跑道上）。
- 訓練與恢復的時間通常一樣長。
- 訓練為 1 至 5 分鐘。
- 恢復包括走路與慢跑。

法特萊克訓練

- 又稱「變速跑」。
- 運動員結合正常跑與不同程度的爆發（加速）。
- 通常會在高低起伏的地面進行（平地與斜坡）。

長跑

- 運動員跑完指定的距離，或是以中等的速度，在指定時間內跑完長程。

速度訓練

- 運動員以放鬆且正確的方式跑步，同時提升速度。
- 主要是在比賽之前，以及比賽階段進行。
- 舉例：運動員盡全力跑完 6 百公尺一圈，再休息 20 分鐘。接下來要以最快速度，跑 1 百公尺十圈，每跑完一圈要步行 1 百公尺。

　　教練可參考教練或跑步相關的書籍、雜誌，以及網路資訊，認識不同的訓練法。

指導重點：長跑技巧

1. 要選擇適合自己的步幅與節奏。不要跨太大步。
2. 相較於短跑，著地的部位較偏重後腳跟。再將力量從後腳跟轉移到前腳掌，推離地面。
3. 膝蓋稍微彎曲。
4. 腿的動作流暢。
5. 手臂從肩膀以下自由前後搖擺。手臂與肩膀應放鬆。
6. 頭要擺正，下巴放平。將注意力集中在前方 20 至 30 公尺。

提升技巧的訓練：長跑

觀察到的行為	教練糾正	訓練／測試
運動員的腿部動作，導致身體往上移動，而不是往前移動	臀部要維持在同樣的高度，而不是上下移動	練習每一步往前推動，而不是往上推動 觀察
手臂在胸前擺動	手臂應該要前後擺動，不要在胸前擺動 要求運動員每次擺動手臂，就要指向前往的方向	進行坐姿手臂動作訓練
運動員在奔跑的過程中緊張	提升有氧與無氧耐力	專注在放鬆，尤其是臉部肌肉（放鬆訓練）
頭左右搖擺	手臂應該要前後擺動，不要在胸前擺動 運動員應該挺直身體跑步，身體不要向後傾斜	專注在技巧上 要求運動員看著正前方，專注在前方跑道上的東西

長跑教學（技巧培養）的訣竅

1. 在原地跑，腳跟抬高到臀部下方。
2. 示範腳滾動向前的動作。要強調以腳的前腳掌推離地面。
3. 示範快速交換腿（腿的速度）。
4. 示範輕輕著地（腳不要用力往下踏）。
5. 鼓勵運動員留意自己的腳的前部離開地面，加強推離地面的力量。
6. 從運動員的前方觀察，看看是否有上半身扭動的情況。
7. 留意運動員是否有雙腳交叉，或腳趾朝外的現象。
8. 從側面觀察運動員的手部是否放鬆，向上擺動是否到軀幹中線停住，向下擺動是否會回到臀部。
9. 示範如何以手臂的速度，控制交換腿的速度。

長跑項目的訓練範例

　　要打造符合你的運動員需求的訓練課程並不容易。**點選以瀏覽** 3 千公尺、5 千公尺，以及 1 萬公尺的**訓練計畫範例**。你可以依照需求，選用並調整這些計畫。要記得，每一位運動員都是獨特的。你的訓練計畫應考量每一位運動員的強項與弱點。

點選以下載 3 公里的八週訓練計畫的範例的 PDF 檔。

　　準備參加長跑項目的運動員，至少要有十二週的訓練計畫。運動員必須每週訓練四至五天，以提升表現。要記得，如果運動員訓練的頻率較少，就要慢慢增加到這種頻率。賽跑或比賽是訓練計畫的重頭戲。教練應該依據運動員的體適能與技巧等級，判斷運動員參加賽跑的頻率。可以從每兩星期一場比賽開始。比賽不見得每次都是特殊奧運的正規比賽。運動員可以在訓練課與隊友賽跑，或參加地方社區的賽跑。

下表為中長跑附錄的訓練計畫所用的縮寫。

M	已跑哩數	Ae	有氧	RE	稍微努力（60%）
X	間歇跑	An	無氧	E	努力（80%）
ME				最大努力（90 至 100%）	

點選以瀏覽完整的中長跑附錄。

能量系統（Energy Systems）

人體主要有三種使用能量的方式。其中兩種對馬拉松訓練相當重要：(1) 無氧能量系統，(2) 有氧能量系統。

無氧能量系統不需要氧氣，亦可短時間爆發強烈的能量，在過程中也製造出乳酸（lactic acid）之類的副產品。這些副產品會導致肌肉疲倦、疼痛。所以我們如果要長時間運動，就無法使用無氧能量系統。在中長跑訓練，這通常代表短時間高速衝刺，或是長時間維持比比賽速度更快的速度。

有氧能量系統使用氧氣，並不會製造這些副產品，因此我們可以長期使用有氧能量。但有氧能量的強度較低。在中長跑訓練，通常會應用在長程慢跑。

優秀的中長跑者，能將這兩種能量系統的效率發揮到極致。

瀏覽我們的中長跑附錄的 5 公里及 10 公里十二週訓練計畫的範例。

馬拉松賽跑主要技巧清單

你的運動員可以

- 進行站立式起跑。
- 維持臀部抬高的挺直姿勢。
- 頭部放平。
- 維持有節奏的步態。
- 打造強大的有氧能力。
- 至少能跑 10 公里。
- 培養速度、耐力與力量。
- 培養無氧力量與耐力。
- 接受變速長程跑的訓練。
- 維持在臀部與身體重量之下，較為平穩的步伐。
- 持續以平穩的步伐，往前移動到前腳掌。
- 手臂自然擺動，身體不會扭動。
- 正常跑完全程。

概論：馬拉松

參加馬拉松比賽，是一項很有挑戰的運動成就。運動員的目標可能包括：

- 迅速的完成時間。
- 個人最佳成績。
- 純粹完成比賽。

無論目標是什麼，每一位跑者都應該要有最好的訓練計畫，幫助他們完成目標。

關於訓練，運動員會有許多問題想問。

- 我每個禮拜應該跑幾英里？

- 訓練應該要有怎樣的強度與量？
- 要採用怎樣的恢復方式？
- 我該如何規劃長跑？

每一位跑者都是獨特的，所以沒有硬性規定。教練應該與運動員一起打造個人的訓練計畫。擬定計畫應考量運動員的能力與馬拉松目標。

馬拉松訓練是很大的責任。訓練的品質不佳，或是過多或過少，都會影響表現。運動員可能無法完成比賽，甚至會受傷。訓練的跑程應該慢慢增加。理想的幅度是每週不超過 10%。休息日與恢復訓練，跟跑步一樣重要，應該要審慎規劃，確實執行。

訓練計畫一定要符合運動員的需求、目標與能力。教練必須了解訓練的基本原則與內容，就能設計出適合各種能力等級的運動員的訓練計畫。教練首先要了解運動員的訓練需求，再設計出能將運動員的能力發揮到極致的計畫。

我們的「運動員營養、安全與體適能」手冊也提供一些建議以供參考。

運動員如果沒有經過適當訓練，絕對不能參加馬拉松。

馬拉松訓練

馬拉松訓練是一門科學。光是這個主題，就有許多相關的書籍與網站。馬拉松訓練也有不少理論與方法。教練要為運動員安排馬拉松訓練，應該研究這些理論。要多了解馬拉松訓練。了解之後就能為你的運動員，設計出更好的訓練計畫。

最大攝氧量（VO2 MAX）

體適能有時候是以最大攝氧量衡量。你在馬拉松相關的書籍與網站，常常會看見「最大攝氧量」一詞。最大攝氧量代表身體能使用的氧量。數值越高，運動員訓練就不容易覺得累。最大攝氧量會受到兩大因素影響：

1. 從肺部流向血液的氧量。

2. 肌肉從血液吸收並運用的氧量。

無氧與有氧訓練

馬拉松跑者必須進行有氧與無氧訓練。馬拉松需要長時間的能量（耐力），因此有氧能量非常重要。

無氧訓練能讓肌肉：

1. 更能清楚肌肉的副產品。

2. 增加我們在副產品開始累積之前的訓練強度。

馬拉松訓練包括長跑、短跑、以及輕鬆與困難的跑。

有氧訓練的重點是增加運動員跑的量（量）。我們通常採用的有氧訓練，是每星期一次長跑，可提升耐力與跑步經濟性（running economy）。這是中長跑者訓練計畫的最大部分。

訓練課應該是：

- 以慢於運動員的比賽速度的速度，持續大量奔跑。

- 達到運動員的最大心跳速率的 70 至 80%。

運動員應該要能夠邊跑邊交談。

當然我們也能透過強度更大的跑步，提升運動員的有氧能量系統。

馬拉松與半程馬拉松的訓練，包括下列項目：

1. 長跑。

2. 加速訓練／速度訓練／上坡訓練／間歇訓練／法特萊克訓練。

3. 休息。

間歇訓練及法特萊克訓練，能為訓練內容增添一些變化。

所謂法特萊克訓練，是在長跑中穿插短時間的高速衝刺。運動員加速跑 2 百至 4 百公尺，再回到正常速度。等到恢復之後再重複一次。運動員可以在不同的速度，不同的距離，以不同的幅度加速。這種訓練能提升無氧能量系統，以及運動員的速度。

休息是訓練的重點，每一個訓練計畫，都必須規劃休息時間。休息的日子也可安排些輕鬆的活動，包括遛狗或伸展。活動的強度不要太大。運動員若是缺乏適度休息，可能會受傷。受傷就會影響訓練，就更難達成目標。

這裡有幾種簡單的馬拉松及半程馬拉松訓練計畫，僅供參考之用。教練最好還是按照運動員的需求、能力及目標予以調整。

下列是幾種訓練計畫範例。要記住，這些訓練計畫僅供參考。天底下沒有一種制式的訓練方式。運動員有很多種方法，可以為中長程項目做準備。訓練時程表要按照運動員的需求，以及教練的哲學安排。新手教練可以從下列的範例開始。

你為運動員安排的訓練計畫，應取決於你的運動員的能力水準。要個別評估每一位運動員的需求，再將運動員按照能力分組。也可以安排融合運動的伙伴，與長跑運動員一起訓練。如果參加這些項目的運動員人數不多，這樣做也能營造團隊的環境，還能避免運動員獨自訓練。

點此瀏覽我們的中長跑附錄的「給新手的十八週馬拉松訓練計畫」，以及「給中程跑者的二十一週訓練計畫」。

點此下載十八週馬拉松訓練計畫範例的 PDF 檔案。

點此下載二十一週馬拉松訓練計畫範例的 PDF 檔案。

半程馬拉松主要技巧清單

你的運動員可以

- 進行站立式起跑。
- 維持臀部抬高的挺直姿勢。
- 頭部放平。
- 維持有節奏的步態。
- 打造強大的有氧能力。
- 培養速度、耐力與力量。
- 培養無氧力量與耐力。
- 接受變速長程跑的訓練。
- 維持在臀部與身體重量之下，較為平穩的步伐。
- 持續以平穩的步伐，往前移動到前腳掌。
- 手臂自然擺動，身體不會扭動。
- 正常跑完全程。

概論：半程馬拉松

　　半程馬拉松因為特性的關係，訓練與比賽都較為獨特。對於 5 至 10 公里的跑者來說，半程馬拉松可能太長。馬拉松跑者又可能覺得太短。但只要妥善規劃，半程馬拉松可以是最適合訓練及比賽的長度。馬拉松跑者通常以半程馬拉松，作為比賽速度訓練的長度。

　　訓練課通常有很大的量，較長的間歇，以及多次的重複。間歇之間的休息時間往往是極短至中等長度。但運動員不會有完全恢復的機會。訓練的速度及間歇之間的休息時間，可依照運動員的需求調整。教練也必須將運動員的訓練目標納入考量。理想的跑速是介於 10 公里及馬拉松的跑速。

半程馬拉松教學

訓練內容

1. 建立有氧基礎。
2. 培養速度、耐力，以及力量。
3. 培養無氧力量與耐力。
4. 以速度跑培養力量。
5. 以長跑增強耐力與跑步經濟性。
6. 短間歇：乳酸容忍度訓練。
7. 長間歇：乳酸容忍度維持訓練。
8. 短期恢復至長期恢復。
9. 比賽速度訓練。
10. 跑速：以不同速度訓練。
11. 參賽。

　　大多數的跑步訓練，是在道路與路徑上進行，而不是在跑道上進行。間歇訓練則是以法特萊克訓練，或加速跑進行。上坡跑與速度跑是一大重點，主要目的是培養並提升心血管力量與耐力，進而改善跑速。

點此瀏覽我們的中長跑附錄的「給半程馬拉松初學者的十八週半程馬拉松訓練計畫」。
點此下載半程馬拉松十八週訓練計畫範例的 PDF 檔。

立定跳遠主要技巧清單

你的運動員可以

- 站在跳板或起跳線後方,雙腳與肩同寬。腳趾稍微朝外。
- 下巴抬高,頭部挺直。
- 雙臂伸向身體前方。
- 膝蓋與腳踝彎曲。雙臂向後擺動,低處越過膝蓋。
- 雙臂向上擺動,往外朝向著陸區。
- 膝蓋抬高離地。以雙腳向前彈跳。
- 將雙腿抬高到臀部下方。
- 臀部彎曲,雙腿往前。
- 由腳跟帶動,雙腿往前伸。
- 雙臂往下擺動,越過雙腿。
- 雙腳平行,稍微分開。
- 頭要往前,才不會往後仰。
- 腳跟向前伸。
- 降落在沙坑或軟墊上,腳跟先著地。
- 膝蓋彎曲,以吸收著地的衝擊力。

急行跳遠主要技巧清單

你的運動員可以

- 衡量並計算助跑。
- 進行九步助跑。
- 起跳腳站在犯規線後方的板子上。
- 伸出起跳腳,從板子起跳。
- 保持上半身挺直,頭抬高。

走步式跳遠

- 右膝與左臂朝上且往前，越過沙坑。
- 伸出前腿，以起跳腿為後腿。
- 在空中跨步。
- 右臂舉到頭上，左腿向前。
- 向前伸展，雙臂與上半身前傾。
- 雙臂下垂到腿部下方，膝蓋彎曲落到沙地上。
- 膝蓋先落在沙坑上，雙手掠過臀部。
- 以腳趾的力量翻身，身體前傾。

挺身式跳遠

- 右膝與左臂朝前朝上。
- 左腿與右臂朝後。
- 揮動左腿與右臂（兩者為平行）。
- 往後仰，形成挺身姿勢。
- 雙臂朝順時針方向揮動。
- 上半身朝著大腿放低。
- 伸出雙腿，雙臂先向前再回到原位。
- 腳跟先落在沙坑上，膝蓋彎曲。
- 上半身向前，以腳趾的力量翻身，身體前傾。

概論：跳遠

特殊奧運競賽共有兩種跳遠項目：

立定跳遠   急行跳遠

相較於立定跳遠，急行跳遠更為困難。

跳遠是結合速度與彈力的運動，非常有趣。

指導跳遠有三項內容：

- 助跑
- 起跳
- 空中動作（走步式或挺身式）（注意：空中動作也包括著地）

教練應訓練運動員，離開沙坑時要避開自己在沙坑留下的痕跡。

立定跳遠

立定跳遠並不包括助跑起跳。

起跳板設置於著地區邊緣的跑道上。

教練應訓練運動員，離開沙坑時要避開自己在沙坑留下的痕跡。

指導重點：立定跳遠預備動作

1. 站在跳板或起跳線後方，雙腳與肩同寬。腳趾稍微朝外。
2. 下巴抬高，頭部挺直。
3. 雙臂放鬆懸垂在身體兩側。背部挺直，身體稍微前傾。

指導重點：立定跳遠起跳

1. 就預備姿勢，膝蓋與腳踝彎曲，形成蹲踞的姿勢。雙臂用力朝後擺動。
2. 用力將雙臂往前揮向著地區。雙腿同時驅動離地。
3. 雙臂向前擺動，往下掠過膝蓋，再往上朝向著地區，起跳。
4. 呼氣，雙腳以 45 度角往前彈跳。腳踝出力，腿伸長，用力起跳（猛推）。
5. 腳趾最後離地。

指導重點：立定跳遠空中動作

1. 在空中伸展身體，背部稍微拱起，雙臂高舉過頭。
2. 雙腿抬高到臀部下方，軀幹和雙腿呈 90 度，雙腿向前。
3. 雙腿從腳跟開始往前伸，雙臂往下掠過雙腿。
4. 雙腳保持平行，稍微分開。
5. 頭要保持向前，以免往後摔倒，要看著著地區的前方。

指導重點：立定跳遠的著地

1. 腳跟往前伸，以增加長度。
2. 降落在沙坑或軟墊上，腳跟先著地，衝力驅使著你向前。
3. 膝蓋彎曲，吸收著陸的衝擊力。
4. 在自己在沙坑留下的痕跡之外離開沙坑。

立定跳遠指導（技巧培養）的訣竅

1. 向運動員示範預備起跳姿勢。
2. 給出口頭指令（例如「預備！」）要求運動員就預備起跳姿勢。

3. 示範雙腿起跳，強調要雙腳起跳。
4. 雙腿在軀幹下方抬高，以拉長跳遠距離。
5. 要求運動員在有彈性的表面練習跳（例如跳板、小型運動蹦床）。
6. 示範正確的空中動作。
7. 強調由後向前的動作，保持向前的衝力。
8. 要求運動員練習跳過地上的毛巾或兩條分離的繩子，提升跳遠的距離。
9. 強調雙腿與雙臂由後向前移動，保持向前的衝力。
10. 練習從箱子或跳板跳下著地。
11. 著重在著陸之後要往前傾。
12. 玩能提升立定跳遠技巧的跳躍遊戲。在接力遊戲中以跳躍取代跑步。
13. 跳過一連串有間隔的線條。

急行跳遠

決定急行跳遠的起跳腿

運動員比較有力的那條腿，通常就是他們的起跳腿。

- 要求運動員只用右腿，從站立的起點單腳跳三下。
- 測量跳過的距離。
- 換成左腳重複一次。

能單腳跳最遠的那條腿，通常就是比較有力的腿。

對於某些運動員來說，兩條腿的差異並不大。遇到這種情形，要知道大多數慣用右手的人，以左腿當作跳遠的起跳腿。但運動員還是應該選擇自己較為習慣的起跳腿。

這一節所有的指導重點，都是以左腳起跳為準。如果你的運動員是以右腳起跳，要記得將說明中的左右腳對調。

衡量運動員的助跑

你的運動員變得更強壯，技巧更好，助跑也會需要調整。運動員一開始應使用三步助跑。等到進步以後，就能進步到五步、七步，以及九步。優秀的運動員，甚至可以到十九步！助跑的步數，應以運動員抵達起跳板或膠帶的最大速度為準。

1. 運動員站在起跳板上，沿著跑道往回跑。跑步要採用助跑會用的步數（例如三步或五步）。運動員停下來，或是跑完預定步數的地方，要標記下來。這個初始標記往後會向前或向後調整。

2. 運動員站在這個標記，面向起跳板。

3. 運動員至少跑九步，跑向起跳板。最後應以起跳腳踏上起跳板。

4. 運動員應跑過沙坑上的沙。

5. 把運動員的起跳腳落在起跳板的地方標記下來。

6. 可依據個人需求，將標記位置往前或往後調整。

7. 等到運動員養成固定的助跑步數，要將距離予以測量並記錄，作為往後練習與比賽的參考。

8. 再次進行助跑，標記起跳腳的第一步與第三步的位置。運動員只要每一次都符合這些位置，就能養成固定的助跑步數。

測量跳遠助跑的訣竅

1. 示範開始的姿勢。
2. 強調在開始的時候，起跳腳應位於另一隻腳的後方。要示範由起跳腳踏出第一步。
3. 在跑道上布置不同顏色的腳印。
4. 鼓勵運動員經常練習助跑，培養固定的助跑模式。
5. 支持運動員自行測量助跑。即使你不在場，運動員也能自行判斷助跑的起點。

指導重點：起跳

1. 進行助跑，起跳腳踏在犯規線後方的板子上。
2. 在起跳前一刻向上伸展。
3. 伸出起跳腿，用力推離起跳板以起跳。
4. 另一條腿彎曲，大腿抬高，越過沙坑。
5. 上半身保持挺直，頭抬高。運動員應將注意力集中在前方的沙地上。
6. 以跑步的姿勢，以非起跳腳著地，再從沙地上跑過。

跳遠起跳教學的訣竅

1. 示範單腿起跳。
2. 助跑的步數一定要是單數。
3. 從三步或五步助跑開始。等到運動員的技巧與力量有所進步，再進步到九步。

4. 提醒運動員，每次助跑都要以起跳腳踏出第一步。
5. 要經常練習。將起點往後挪動，直到運動員養

成固定的助跑模式。

6. 強調起跳腿的膝蓋與腳踝要用力伸展。

7. 強調另一邊的膝蓋與手臂要用力抬起並驅動。

指導重點：走步式跳遠的空中動作

1. 從起跳開始，右膝與左臂往上也往前，越過沙坑。

2. 在空中伸展前腿，起跳腿為後腿。運動員在空中應該呈現跨步姿勢。

3. 右臂高舉過頭，左腿向前。雙腿與雙臂應呈平行。

4. 運動員準備著地，雙臂與上半身應伸展向前。

5. 雙臂懸垂到雙腿之下，著地時膝蓋彎曲。

6. 在沙坑腳跟先著地，雙手掠過臀部。

7. 以腳趾為重心翻身，身體前傾。

走步式跳遠空中動作教學的訣竅

1. 示範走步式跳遠的空中動作。應以右膝發動空中動作。

2. 練習跳出訓練。

3. 等到運動員的技巧進步後，再增加助跑長度。

指導重點：空中動作（挺身式跳遠）

1. 從起跳開始，右膝與左臂往上也往前，左腿與右臂向後伸。

2. 左腿與右臂應呈平行。

3. 背部拱起，呈現「挺身」姿勢。

4. 雙臂以順時針方向擺動。

5. 準備著地。

6. 上半身朝向大腿放低。

7. 伸展雙腿。

8. 雙臂先向前伸，再向後伸。

9. 腳跟先著地。膝蓋彎曲以吸收著地的衝擊力。上半身前傾，以腳趾為重心，身體往前。

挺身式跳遠空中動作教學訣竅

1. 示範挺身式跳遠的技巧。

2. 要求運動員練習跳躍與拱背。

3. 安排運動員從較短的助跑開始練習，再逐漸增加助跑長度。

提升技巧的訓練：跳遠

觀察到的行為	教練糾正	訓練／測試
運動員的步伐凌亂，以錯誤的腳起跳，低頭看著起跳板	確認助跑與起點。練習每次以相同的方式助跑	在跑道上練習助跑，並漸進加速
運動員跳遠沒有高度（離地面太近）	增強驅動力 注意上半身沒有往前傾 起跳的時候往上看，雙腿要伸展	跳躍與上下跳動訓練 強化核心肌群
運動員身體挺直落地	加強向前伸與推動力 增加高度，便可改變腿部的位置	強化核心肌群 跳躍 雙腳起跳

訓練名稱	跳出	目的	培養空中走步與手臂動作的能力 培養跳遠的高度
重複次數	每組十至十二跳	使用時機	訓練課的開始或跳遠初學者

教學重點

1. 在距離起跳板大約五英尺的沙坑處,架設欄架、細繩或繩燈。
2. 臀部抬高,開始短距離助跑(五至七步)。
3. 以節制的中等速度跑向沙坑。
4. 從起跳板起跳,越過架設的線。
5. 在空中進行走步與手臂動作,在沙坑著陸

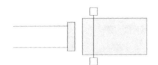

強調重點

- 如有必要,運動員亦可在更靠近沙坑的地方起跳。
- 運動員可踏上矮箱,增加高度
- 維持身體高度的姿勢

訓練名稱	前移高度	目的	提升跳遠的高度 在跳遠過程中維持身體的高度
重複次數	十至十二跳	使用時機	跳遠初學者

教學重點

1. 在距離起跳板大約十英尺的沙坑處,架設細繩或繩燈。
2. 臀部抬高,開始短距離助跑。
3. 以節制的中等速度跑向沙坑。
4. 從起跳板起跳,越過架設的線。
5. 在空中進行走步,或以手臂進行挺身動作,在沙坑著陸。

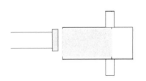

強調重點

- 在空中維持身體的高度

訓練名稱	越過小溪	目的	培養跳起與身體往前衝的能力 在跳遠過程中維持身體的高度
重複次數	十至十二跳	使用時機	跳遠初學者或技巧訓練

教學重點

1. 在地上放兩條繩索，相隔與肩同寬，形成一條「小溪」。
2. 從小溪的一側跳到另一側。
3. 將兩條繩索的距離擴大，增加要跳過的距離。

強調重點

● 雙腿強大的驅動力

訓練名稱	跳圈圈	目的	訓練強勁具爆發力的腿部動作
重複次數	十至十二跳	使用時機	跳遠初學者或技巧訓練

教學重點

1. 在地上放一連串的圈圈。
2. 單腳或雙腳從一個圈圈跳到另一個圈圈。
3. 一開始先將圈圈排放得近一些，然後再逐漸拉開圈圈之間的距離，訓練跨大步及腿部的爆發力。如果運動員可能會跳或踏在圈圈上，也可設置塔架隔開。
4. 手臂向上及向前擺動，輔助每次的跳躍。

強調重點

● 適當的手臂動作

訓練名稱	增強式單腳或雙腳跳 （跳過低矮的障礙）	目的	訓練強勁具爆發力的腿部動作 訓練腿部彈跳力
重複次數	兩次乘以五個障礙	使用時機	技巧訓練

教學重點
1.布置五個障礙物，各相隔 1 公尺。 2.單腳或雙腳跳過障礙物。 3.著地後立刻再以單腳或雙腳跳過下一個障礙。 4.以雙臂維持在障礙上方的高度與距離。
強調重點
• 適當的手臂動作 • 膝蓋強勁的驅動力

跳遠教學（技巧培養）的訣竅

1. 示範開始動作。

2. 強調起跳腳要位於另一隻腳的後方，而且要跨出助跑的第一步。

3. 在跑道上布置不同顏色的腳印或呼拉圈，讓運動員練習助跑的腳步。

4. 鼓勵運動員經常練習助跑，養成固定的助跑模式。

5. 運動員應養成理想且有控制的助跑速度。

6. 強調在起跳時，起跳腳的膝蓋與腳踝要用力伸展。

7. 強調在起跳時，另一邊的膝蓋與手臂要用力舉起，驅動起跳。

8. 等到空中動作的技巧改善之後，增加助跑長度。

9. 強調在空中要以雙腳保持高度。

10. 提醒運動員要腳跟先著地。

11. 運動員要練習著地後身體往前傾。

12. 訓練運動員要從自己的沙坑留下的痕跡的後方，離開沙坑。

跳遠比賽的訣竅

1. 練習想像畫面。要求運動員想像自己沿著跑道奔跑，抵達起跳板，沒有犯規的畫面。然後再想像自己飛越空中，飛入沙坑。

2. 提醒你的運動員要在跑道上衝刺跑，接近起跳板要加速。

跳高主要技巧清單

你的運動員可以

背越式跳高

- 衡量並標記助跑起跳。
- 三步、五步、七步或九步助跑。
- 非起跳腿朝著另一邊的肩膀抬起。
- 雙臂從身體後方低處，揮向身體前方高處。
- 以膝蓋及腳踝出力，單腳起跳。
- 右肩旋轉偏離橫桿。
- 身體朝後拱，雙肩放低。
- 看著右肩，膝蓋朝向胸部抬高。
- 仰躺著地。

剪式跳高

- 衡量並標記助跑。
- 三步或七步助跑。
- 在倒數第二步，將雙臂向後擺動。
- 起跳時，雙臂用力擺動到過肩的高度。
- 單腳起跳。
- 抬高一條腿到最接近橫桿的位置，再往上越過橫桿。
- 另一條腿跟進，完成剪式跳高。
- 臀部著地。

概論：跳高

跳高運動需要力量與速度的結合。有關重要的安全資訊，請參閱本教練指南的「設備」章節。運動員在草地或潮濕的環境，必須穿上釘鞋，以免滑倒。

跳高分為兩種：

1. 背越式跳高。

2. 剪式跳高。

背越式跳高較多人採用。在背越式跳高，運動員在空中會往後翻轉。剪式跳高是較為基本的跳高。運動員的兩條腿先後越過橫桿，始終面向同一個方向。運動員可任選一種，但只能單腳起跳。

這一節所有的指導重點，都是以左腳起跳，朝向右側為準。運動員若是偏好右腳起跳，亦可自行替換。

背越式跳高

背越式跳高包含下列步驟。

運動員應按照這些步驟訓練，發展出自己的風格。有些運動員需要最多十三步的助跑。

1. 確認起跳腳。

2. 背越式，直線三步。

3. 背越式，弧線五步。

4. 背越式，弧線七步。

5. 背越式，弧線九步。

指導重點：確認起跳腳

1. 跳過兩個人拉起的繩索。

2. 如果順利跳過去，就提高繩索的高度。

3. 隨著繩索升高，運動員就能找出自己的慣用腿，進而確認起跳腳。

4. 運動員必須單腳起跳，而非雙腳起跳，也不可以翻跟斗。

指導重點：背越式，直線三步

1. 運動員所站的位置，應在橫桿旁相隔一條手臂的長度，距離跳高架右側 1/4 橫桿的長度。這大概就是起跳點的位置。

2. 運動員往後走三步，與橫桿呈 45 度角。這是起跑的位置。

3. 教練標記第三步的位置。

4. 運動員雙腳併攏，面向跳高架。左腳踏出第一步，跑向跳高架。

5. 運動員踏出第三步，抬高彎曲的右腳，朝向跳高架的左方支柱。雙臂從臀部下方向前擺動到身體前方，高於肩膀。

6. 單腳起跳，跳向空中。

7. 運動員應拱起背部，雙肩放鬆，看著自己的右肩，雙膝抬高至胸部。

8. 仰躺著地。

指導重點：背越式，弧線五步

1. 找出運動員開始助跑的位置。量出跳高架右方支柱往右 305 公尺的位置，標記下來。

2. 現在量出距離跳高架 6 至 9 公尺的地方。運動員要從這裡起跑，面向跳高架（注意：這個位置對每一位運動員來說可能不同）。

3. 運動員臀部抬高，從左腳開始五步助跑。

4. 助跑的路線看起來會像是顛倒的「J」。

5. 以左腳踏出第五步，彎曲的右腿朝向左肩抬起。雙臂從後方低處，朝向身體前方高處擺動。

6. 左腳起跳，膝蓋與腳踝出力。

7. 右肩偏離橫桿，以逆時針方向旋轉。

8. 仰躺著地，滾離軟墊。

指導重點：背越式，弧線七步

1. 從五步助跑的位置，再朝著跳高架的反方向增加兩步。視需要調整。

2. 運動員臀部抬高，從左腳開始七步助跑。

3. 前兩步是直線，後五步是弧線。

4. 到了第七步，以左腳起跳。

5. 後面的跳高技巧與五步助跑相同。

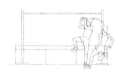　　

正確　　　　　　　　　　　　不正確
前傾進入弧線　　　　　　　　前傾偏離弧線

指導重點：背越式，弧線九步

1. 從七步助跑的位置，再朝著跳高架的反方向增加兩步，視需要調整。

2. 運動員臀部抬高，從左腳開始七步助跑。

3. 先是直線跑向跳高架，到了第五步，開始弧線跑。

4. 在地上標記兩處。一個是起跑點，另一個是左腳踏出的第二步，弧線開始的地方。

5. 到了第九步，以左腳起跳。

6. 後面的跳高技巧與五步及七步助跑相同。

背越式跳高的教學（技巧培養）訣竅

1. 運動員以左腳（起跳腳）踏出第三步，右膝用力抬向左肩。
2. 運動員在空中要想到坐起的姿勢，膝蓋朝上貼近胸部。
3. 在起點以及弧線開始的地方留下標記。

剪式跳高

剪式跳高包含下列步驟。運動員應按照這些步驟訓練，發展出自己的風格。

- 確認助跑
- 三步助跑
- 七步助跑

指導重點：剪式跳高確認助跑

1. 站在跳高架旁，有無橫桿皆可。
2. 與跳高架呈 45 度角，從起跳點向後跑三步。
3. 跑向跳高架。從左腳開始跑三步。
4. 以左腳起跳。

指導重點：三步助跑剪式跳高

1. 將橫桿安放在比軟墊高一點點的位置。
2. 依照上述的方法完成三步助跑。
3. 以左腳踏出第一步。
4. 以右腳踏出第二步，兩隻手臂向後擺動。
5. 以左腳踏出第三步，雙臂用力擺動，高於肩膀。
6. 抬起右腿（距離橫桿最近），越過橫桿。
7. 左腿跟進，完成剪式跳高。

8. 運動員臀部著地，落在軟墊上。

指導重點：七步助跑剪式跳高

1. 站在與橫桿平行的位置。
2. 移到一隻手臂長度的距離之外，離跳高架右側支柱內側 1/4 橫桿長度的位置。把這個位置當成起跳點，練習固定的助跑模式。
3. 從這個位置，與跳高墊右側呈 45 度角，向外走七步。這是起跑點的位置。
4. 面向跳高墊，左腳踏出第一步，直線跑向跳高墊，接下來的每一步都要加速。
5. 到了第七步，將左腳踏在起跳點上，跳入空中。
6. 頭擺正，雙臂與雙腿高舉。
7. 臀部著地，降落在軟墊上。
8. 滾向軟墊後方，爬下軟墊。

剪式跳高的教學（技巧培養）的訣竅

1. 強調驅動右腿的膝蓋。腿應是橫向朝著地面。
2. 運動員應將頭抬高，上半身挺直。
3. 要標記起點。

提升技巧的訓練：跳高

觀察到的行為	教練糾正	訓練／測試
運動員向前撲向橫桿	助跑的最後幾步必須夠遠，運動員在起跳之前，才能將身體往後仰	練習助跑，起跳腳要穩穩站在定點，身體要往後傾
運動員的臀部打落橫桿	臀部必須抬高，才能越過橫桿。頭要往後仰必須由起跳腿用力推進	從站立的位置跳過橫桿，臀部要抬高，要越過橫桿。跳躍
運動員在跳過橫桿之前向後轉	確認助跑弧線不會太緊，身體稍微朝著弧線傾斜	練習助跑，起跳腳要穩穩站在定點
運動員在起跳前速度變慢	增強信心確認運動員的助跑距離不會太遠	練習助跑與起跳，先是沒有橫桿，接著是有彈性，最後是有橫桿

跳高訓練

訓練名稱	往後跳倒（無橫桿）	目的	讓運動員習慣後彎倒下的感覺
重複次數	十至二十跳，運動員習慣之後可減少次數	使用時機	跳高初學者練習課程初期

教學重點

1. 臀部抬高，背對著軟墊站著。
2. 雙臂往後擺，臀部彎曲。
3. 跳起，雙臂朝上過頭。
4. 往下，身體後彎倒在軟墊上。
5. 雙臂與雙腳往上伸向天空。

強調重點

• 要跳，不是只往後倒而已

訓練名稱	往後跳倒（有橫桿）	目的	讓運動員習慣後彎倒下的感覺 讓運動員習慣向後跳入跳高墊
重複次數	十至二十跳，運動員習慣之後可減少次數	使用時機	跳高初學者 練習課程初期

教學重點

1. 臀部抬高，背對著軟墊站著。
2. 雙臂往後擺，臀部彎曲。
3. 跳起，雙臂朝上過頭。
4. 越過橫桿倒下，身體後彎，仰倒在軟墊上。
5. 雙臂與雙腳往上伸向天空。

強調重點

- 起跳要有爆發力
- 強調臀部要用力推進，背部要拱起

訓練名稱	抬膝前走	目的	練習以前腳掌推離地面 練習膝蓋抬高的動作
重複次數	三次乘以 30 公尺	使用時機	暖身

教學重點

1. 將前腿的大腿抬高，與地面平行。
2. 支撐腳以前腳掌為重心。
3. 要儘量用力揮動手臂，抬高膝蓋。

強調重點

- 膝蓋與大腿推動的動作要保持一致

訓練名稱	抬膝奔跑	目的	練習以前腳掌推離地面 練習一邊奔跑，一邊抬高膝蓋
重複次數	三次乘以 30 公尺	使用時機	暖身

教學重點

1. 慢速奔跑，前腿的大腿抬高，與地面平行。
2. 全程以雙腳的前腳掌為重心。

強調重點

● 膝蓋與大腿推動的動作要保持一致

訓練名稱	跳起頭錘	目的	增強垂直跳躍能力
重複次數	十次，賽季逐漸展開，運動員能力提升之後，可減少次數	使用時機	賽季初

教學重點

1. 將一顆球懸垂在運動員頭上 30 至 60 公分處。
2. 助跑三至五步，以起跳腳跳躍，頭撞上球。

強調重點

● 腳的前腳掌推離地面要有爆發力
● 跳離地面的感覺

訓練名稱	弧線快跑	目的	培養 J 字型助跑身體朝內傾的感覺 練習在助跑期間，刻意快速衝刺跑
重複次數	十次乘以 30 公尺	使用時機	暖身，賽季初期

教學重點

1. 從 1 百公尺的終點線，快速跑向跑道的弧線。
2. 跑過弧線。
3. 慢跑回到原點，重複前面的步驟。

強調重點

● 強調控制上半身的同時，身體朝內側傾斜

訓練名稱	弧線快跑	目的	培養 J 字型助跑身體朝內傾的感覺 練習在助跑期間，刻意快速衝刺跑
重複次數	十至十二個完整八字	使用時機	暖身，賽季初期

教學重點

1. 沿著八字型的路線快跑。
2. 彎向左邊，再彎向右邊，在快跑途中，身體朝著弧線內側傾斜。

強調重點

• 強調控制上半身的同時，身體朝內側傾斜

訓練名稱	沒有橫桿的跳躍	目的	養成一貫的踏穩、起跳，以及手臂協調動作
重複次數	五次，運動員技巧進步之後，可減少次數	使用時機	練習課程的初期 跳躍技巧的調整

教學重點

1. 進行三步或五步助跑，練習踏穩、起跳，以及手臂動作。
2. 看看運動員每次踏穩後能跳多高。

強調重點

• 起跳腳踏穩。
• 起跳以及膝蓋與大腿的驅動要有爆發力。
• 理想的身體傾斜度，從肩膀回頭望。
• 要越過橫桿，不要騎在橫桿上。

訓練名稱	五步弧線練習	目的	養成固定的助跑模式 培養弧線跑的節奏
重複次數	五至十次	使用時機	練習課程的初期 跳躍技巧的調整

教學重點
1.橫桿要放低。 2.重點在於弧線、踏穩,以及起跳。
強調重點
• 運動員跳起,越過橫桿時,要注意雙臂與臀部

跳高教學(技巧培養)的訣竅

1. 確認運動員單腳起跳。

2. 強調助跑速度的重要性,尤其是最後三步。

3. 要注意運動員踏穩起跳腳的地方。起跳的位置應距離橫桿大約一條手臂的長度。左腳應朝向跳高架的左支柱。

4. 確認跳高會用到手臂。在越過橫桿時,膝蓋應保持抬高,頭要看向跳高架的左支柱。

5. 用腳印或膠帶,標記助跑的路徑。

6. 運動員要是對於自己助跑的方式不太自在,就要求他們沿著與橫桿平行的路線跑。

7. 確認運動員助跑的時候會加速,會朝著弧線內側傾斜。

8. 練習時安排迷你跳高比賽。

9. 一開始先不用橫桿,再漸漸開始用細繩、橡皮帶取代橫桿。等到運動員有了信心,再過渡到橫桿。

10. 強調每一步都要加速的重要性。要避免短而不斷改變方向的步伐。

11. 強調臀部要朝上越過橫桿。

跳高比賽的訣竅

提醒你的運動員要：

1. 想像視覺畫面。運動員應想像自己越過橫桿。

2. 練習將起跳腳踏穩在正確位置。

3. 要知道跳高的順序，輪到他們的時候才會做好準備。

4. 知道跳高競賽的起跳高度。

5. 預先知道在跳高擋板上的什麼地方，能做唯一的標記。

6. 遵守跳高的時間限制。在唱名之後，運動員必須在 90 秒之內開始跳高。

7. 橫桿的平面不得移動，否則視為違規。

鉛球主要技巧清單

你的運動員可以

- 以要擲球的手握住鉛球。手指要分散握住鉛球。
- 以拇指及小指平衡鉛球。
- 握著鉛球靠著頸部位於耳朵下方之處，手掌朝外。
- 手肘遠離身體。

站立投擲

- 靠近抵趾板站立，雙腳間隔稍微超過肩寬。臉與抵趾板垂直。
- 肩膀與投擲方向要保持平行。
- 往後站，後腿彎曲，背部繼續挺直。
- 上半身從投擲方向往外旋轉 90 度。
- 臀部與胸部朝著投擲方向逆時針旋轉。
- 伸出投擲的手臂，拇指位於下方。手腕與手指猛然往外，擲出鉛球。

側向滑步投擲

- 站在投擲圈中央。臉與抵趾板呈直角。
- 上半身放低，後腿屈曲以微蹲。
- 前腳抬起向前伸。身體移向投擲圈的前部。
- 後腿保持屈曲，身體與投擲方向呈直角。
- 後腿旋轉，身體朝上伸展。臀部用力轉向投擲方向。
- 胸部往前推進，兩腿伸展。
- 將重心移至左腳。
- 伸出右臂，手指指尖按著鉛球。
- 伸出投擲的手臂，拇指位於下方。手腕與手指猛然往外，擲出鉛球。

滑步投擲

- 站在投擲圈的後部。臉朝著抵趾板的反方向。
- 發力腳位於前方。另一腳的前腳掌位於投擲區表面。

- 往後跳，雙腳逆時針旋轉 90 度，直到與抵趾板平行。
- 雙腳同時著地。
- 軀幹旋轉上抬。雙腳開始朝著投擲方向旋轉 90 度。
- 重心從右腳移向左腳。雙腳與雙膝朝著投擲方向旋轉。
- 右手肘偏離身體，伸出右臂。
- 伸出投擲的手臂，拇指在下方。手腕與手指猛然往外，擲出鉛球。

概論：鉛球

　　鉛球運動要求運動員將鉛球投擲得越遠越好。力量與速度的結合，能將鉛球投擲得更遠。鉛球能否加速，取決於運動員能發揮的力量（速度）。

鉛球投擲方式主要分為三種：

- 站立投擲
- 側向滑步投擲
- 滑步投擲

　　進行鉛球運動之前必須暖身，以避免受傷。鉛球運動的暖身注意事項，與其他運動大致相同。但教練應特別注意，運動員的手腕與雙手是否確實暖身。

　　所有運動員抓住鉛球的方式都一樣。下列的指導重點，是以右手執球為準。

指導重點：抓住鉛球與預備姿勢

1. 雙手抓著鉛球。

2. 以投擲手（右手）抓住鉛球，手指 散開抓著鉛球。

3. 不要讓鉛球落入手掌。

4. 拇指與小指的距離要拉開，以達到平衡與支撐。

5. 鉛球高舉過頭，手腕向後縮。

6. 鉛球由位於兩側的拇指與小指扶住。大多數的重量由其他手指承 擔。

7. 手臂往下，鉛球靠在耳下頸部，手掌朝外。

8. 手肘偏離身體，且必須位於鉛球後方。

9. 手要緊貼著頸部，以支撐鉛球。

10. 在投擲過程中，鉛球不得落於肩膀之下，也不得位於肩膀後 方。

指導重點：站立投擲

1. 就預備姿勢。站在抵趾板附近，與投擲方向呈直角。左肩應位於 投擲圈的前部。

2. 雙肩應與投擲方向平行。

3. 左臂（非投擲臂）放鬆，在身體前方伸展。

4. 往後退，右腿彎曲，背部保持挺直。

5. 上半身與投擲方向偏離九十度。

6. 身體的重心放在彎曲的右腿。

7. 臀部與胸部朝著投擲方向逆時針旋轉。

8. 伸展右臂，手指出力投出鉛球。

指導重點：側向滑步投擲

1. 就預備姿勢。站在抵趾板附近，與投擲方向呈直角。左肩應位於投擲圈的前部。

2. 上半身放低，右腿屈曲以微蹲。

3. 左腳舉起向前伸，身體移向投擲圈的前部。

4. 右腿保持屈曲。身體與投擲方向呈直角。

5. 旋轉右腿。身體朝上伸展，臀部用力轉向投擲方向。

6. 胸部往前推進，雙腿伸展。

7. 將身體重心移向左腿，強調左腿用力推進。

8. 右臂伸展，以指尖推鉛球。

9. 投出鉛球，右臂朝著投擲方向伸出。

指導重點：滑步投擲

1. 就預備位置。站在投擲圈後部，臉面向投擲方向的反方向。身體的重心位於右腿。

2. 左腳的前腳掌置於投擲區表面。

3. 用力往後跳。雙腳 90 度旋轉，與抵趾板平行。注意：大多數的滑動力來自右腿。

4. 以平衡的姿勢，從投擲圈的後部滑動到中央。

5. 雙腳同時落地。

6. 軀幹旋轉並向上抬高。雙腳應朝著投擲方向，旋轉 90 度。

7. 將重心從右腳轉移到左腳。雙腳與雙膝朝著投擲方向旋轉。

8. 在伸展期間，左腳腳趾靠近投擲區的表面，腳迅速落地。

9. 以左腳牽動身體朝向抵趾板。不要跳上去。

10.　右手肘偏離身體，用力伸展右臂。

11.　拇指位於下方，手腕與手指猛然往外，擲出鉛球。

12.　伸展超出抵趾板之外，改善投擲點。

指導重點：反向鉛球的進階技巧（重心轉移）

這種技巧並未包含「反轉」的動作。這種技巧適合技巧較為純熟的運動員，也就是在投出鉛球後能「保持平衡」，還能旋轉身體，以取得額外的力量。這種力量能讓鉛球飛得更遠。反向鉛球是一種旋轉的動作。

1. 擲出鉛球後，右臂繼續越過身體，移向左方。

2. 左臂持續往後繞過身體。

3. 雙腳轉換位置，右腳移向抵趾板，左腳移至後方。

4. 所有的重心放在右腿上。

5. 運動員投擲完成後，應面向投擲
圈的對面，且應注意不要看著擲
出的鉛球。要是看著鉛球，動力
會將身體與腳帶出投擲圈之外，
造成犯規。

指導重點：投擲結束

運動員完成投擲之後，必須以正確的方式離開投擲圈。

1. 運動員在離開投擲圈之前，身體必須穩定且平衡。

2. 運動員應退至投擲圈的後部（後半）。

輪椅鉛球投擲主要技巧清單

你的運動員可以

- 挺直身體坐在椅子上。臀部靠著椅子，雙腳放在踏板上。
- 以投擲的手抓住鉛球。手指分散握著鉛球。
- 以拇指及小指平衡鉛球。
- 將鉛球靠在耳下的頸部，手掌朝外。
- 手肘偏離身體，指向後方。
- 左手握住左側扶手，以維持平衡。
- 伸出投擲的手臂，拇指維持在下方。手腕與手指用力外推，擲出鉛球。

指導重點：輪椅鉛球

1. 輪椅的前輪安置在投擲圈的抵趾板後方。將後輪鎖住。

2. 挺直身體坐在輪椅上，臀部靠著輪椅，雙腳放在踏板上。

3. 右手抓住鉛球，不要讓鉛球落入手掌。

4. 握著鉛球貼著頸部的一側，而非下巴下方。

5. 右手手肘停留在右側，指向與身體相反的方向。

6. 如有必要，以左手握住左側扶手，或是將球拿在眼前。

7. 用力伸展右臂。

8. 左肩放低，右肩抬高。

9. 拇指保持在下方，擲出鉛球，手腕與手指用力外推。

提升技巧的訓練：鉛球

觀察到的行為	教練糾正	訓練／測試
扔出鉛球，而不是「投擲」	投擲手的手肘可落在肩膀下方 鉛球不能直接放在下巴下方	糾正手或手臂或手肘的姿勢，手肘始終放高 練習站立投擲的姿勢
擲出的鉛球沒有往上飛	推進時要使用雙腿的力量，身體也要隨之向上	在空中架設一個必須「飛越」的目標（教練應該拿著一根長棍或長棒）
在投擲時，手指沒有發揮推動力	以正確的方式執球（以手指與拇指支撐） 不要讓鉛球落入手掌	加強拇指與手指的力量 不使用鉛球練習
投擲沒有力量與距離	以腿部與背部的力量，同時抬高，雙腿要「推進」，所有部分要以正確的次序進行	將技巧分解成各步驟 不使用鉛球，或使用較輕的鉛球練習

鉛球訓練活動

　　要注意在投擲訓練，可使用鉛球，或足球、籃球，或較輕的藥球。投擲可以從頭部後方、雙腿中間，或是身體一側開始。務必要正確評估你的運動員的能力等級，選擇對你的運動員，以及其他人都安全的練習活動。

訓練名稱	低手投擲	目的	在鉛球練習或比賽之前，適度暖身
重複次數	投擲十次	使用時機	暖身，在投擲圈內

教學重點

1. 面向落地區站著。
2. 雙手將鉛球拿在身體前方。
3. 膝蓋彎曲，以低手投擲方式，將鉛球朝上朝外投擲，與身體反方向。

強調重點

- 雙臂與雙腿充分伸展
- 深蹲，爆發驅動力一路延伸到臀部

訓練名稱	胸部傳球	目的	在鉛球練習或比賽之前，適度暖身
重複次數	五至十次	使用時機	暖身，在投擲圈內

教學重點

1. 面向落地區站著。
2. 雙手拿著鉛球，手指位於鉛球後方。
3. 將鉛球往外推，如同籃球的胸部傳球。

強調重點

- 手臂充分伸展

訓練名稱	朝向藥球滑動	目的	培養腿伸向抵趾板的速度
重複次數	投擲十次	使用時機	儘快納入整套技巧

教學重點

1. 將藥球放置在投擲圈中央。
2. 兩腿向前叉開，面向投擲圈後方，鉛球位於投擲位置。
3. 與投擲手同一邊的膝蓋彎曲，重心落在膝蓋上。
4. 與投擲手不同邊的腿要放鬆伸展，手臂位於一側。
5. 與投擲手不同邊的腿移向身體。
6. 由與投擲手不同邊的腳帶動，推進並往後朝著藥球滑動。

強調重點

- 腿緩慢伸展，球直接往前推動。
- 只要重視腿部動作及重心轉移。

訓練名稱	投得更遠	目的	練習完整的投擲動作 培養投擲動作的爆發力
重複次數	五至十次	使用時機	技巧訓練一開始

教學重點

1. 持球從身體後方最遠處，推向身體前方最遠處。
2. 重心轉移到腳趾，身體往前推動。
3. 擲出鉛球，雙臂於身體前方充分伸展，高舉過頭。

強調重點

- 這個動作要用到整個身體，而非只是手臂。
- 手臂充分伸展。
- 重量位於身體後方。

訓練名稱	投得更高更遠	目的	練習完整的投擲動作 培養投擲動作的爆發力
重複次數	五至十次	使用時機	技巧訓練一開始

教學重點

1. 在跳高架的兩根支柱之間，離地面 2 公尺高的地方，架設一條繩索。
2. 站在繩索後方，將球投擲越過繩索。
3. 若投擲成功，往後走兩步，離繩索更遠，重複方才的動作。

強調重點

- 這個動作要用到整個身體，而非只是手臂。
- 手臂充分伸展。
- 重量位於身體後方。

訓練名稱	滑動訓練	目的	在鉛球練習或比賽之前，適度暖身 培養強而有力且具爆發力的滑動動作
重複次數	五至十次	使用時機	技巧訓練一開始

教學重點

1. 站在投擲圈的後部，雙腳平行。
2. 以正常方式滑動，左腳向後移動。
3. 以發力姿勢著地。
4. 往後移動時旋轉臀部與雙腳。
5. 雙肩與投擲圈後部呈直角，左腳與臀部打開。

強調重點

- 迅速轉為發力姿勢。
- 臀部與雙腳適當旋轉，形成發力姿勢

訓練名稱	重心轉移：站立投擲	目的	培養腿部作用
重複次數	五至十次	使用時機	使用有限，儘快納入整套技巧

教學重點

1. 兩腿向前叉開，鉛球位於投擲位置。
2. 與投擲手同一邊的膝蓋彎曲，將重心轉移至腳。
3. 與投擲手不同邊的腿要放鬆且伸展，
   手臂位於一側。
4. 肩膀與地面平行。
5. 投擲手將鉛球舉高投出。
6. 完成投擲後旋轉臀部，轉移重心。
7. 投擲者在投擲時，是面向投擲方向。

強調重點

• 臀部旋轉隨著重心適度移轉而增加。
• 只要重視腿部動作及重心轉移。

訓練名稱	推擲球	目的	練習手臂投擲動作 培養身體與腿部動作的協調
重複次數	十至十二次	使用時機	賽季初期的技巧訓練

教學重點

1. 朝著牆壁投擲網球。
2. 用身體的力量推擲，伸展雙腿。
3. 以指尖推擲。
4. 接住從牆壁彈回的網球，重複以上動作。

強調重點

• 要投擲球，不要扔球。
• 投擲之後要找到身體的重心。
• 伸展雙腿。

訓練名稱	雙人推球	目的	練習手臂投擲動作 培養身體與腿部動作的協調
重複次數	十至十二次	使用時機	賽季初期、技巧訓練

教學重點

1. 兩人面向彼此站著，相隔 2 至 3 公尺。
2. 單手或雙手將球推傳給搭檔。
3. 如果是用右臂投擲球，就以左腿走向搭檔。
4. 投擲手臂的手肘，要維持與肩同高。

強調重點

- 要投擲球，不要扔球。
- 不要使用真正的鉛球。
- 投擲之後要找到身體的重心。
- 伸展雙腿。

鉛球教學（技巧培養）的訣竅

1. 示範進入與離開投擲圈的正確方式。
2. 運動員只能從投擲圈的後部進出。
3. 將投擲分解成幾個步驟。練習每一個步驟。
4. 手肘必須全程位於鉛球後方。
5. 在投擲期間，運動員的右手肘必須與肩同高。
6. 臀部向前移動。胸部挺高，與投擲方向呈直角。
7. 在投擲期間，雙腿要伸展。
8. 雙臂用力伸展，將鉛球推離指尖。手腕要用力一彎。
9. 投擲完成時，右臂於身體前方伸展，手的位置高於頭。
10. 運動員在投擲圈，應全程維持身體平衡。
11. 首先不使用鉛球練習，再使用壘球，最後使用鉛球練習。

12. 投擲從雙腿伸展開始。

13. 要先完成完整的投擲動作，再看投擲距離。

14. 運動員的下巴與胸部要挺高。

15. 運動員的技巧提升之後，會更倚重左臂投擲。

16. 在投擲之前，鉛球應位於頸部旁，以避免扔出鉛球。

輪椅鉛球教學（技巧培養）的訣竅

1. 強調在輪椅要直挺坐著。

2. 首先不使用鉛球練習，之後改用輕壘球，最後使用鉛球練習。要依據運動員的技巧與力量決定。

3. 在投擲期間，身體應保持直立姿勢。

鉛球比賽訣竅

提醒你的運動員要：

1. 運用他們的雙腿。要從彎曲的姿勢朝向天空爆發。

2. 身體的重心要位於投擲的後方。

3. 膝蓋彎曲，臀部壓低往後朝向投擲圈中央，可避免往前跌倒與犯規。

壘球擲遠主要技巧清單

你的運動員可以

站立投擲

- 拇指位於壘球下方。食指、中指,以及無名指應位在壘球上方。小指應位於壘球側邊。
- 站在犯規線後方 1.5 步的距離。左肩朝向投擲方向。
- 雙腳要保持平行,腳趾朝向前方。雙腿的間隔應該要比肩寬稍微寬一些。
- 抬起右臂,手肘指向後方。執球的手位於頭的後方。
- 左臂彎曲,伸向胸部前方。
- 右腳推離地面。左腳朝著投擲方向走一步。
- 身體重心從右腿轉移到左腿。
- 右臂朝前舉高,從手肘開始。
- 伸展右臂,手腕猛然出力,擲出手中的球。
- 投擲的手臂完成順勢動作,往下掃過身體。

輪椅壘球擲遠

- 挺直身體坐在輪椅上,臀部靠著輪椅,雙腳放在踏板上。
- 拇指握住壘球下方,食指、中指及無名指握住壘球上方,小指位於壘球一側。
- 右手肘彎曲抬起,與身體呈 90 度角。在頭部後方執球。
- 左臂位於眼睛上方的位置。身體在輪椅上稍微後傾,背部微拱。
- 左臂向右推,再拉回左邊。
- 右肩抬高,左肩放低。右手肘保持抬高,偏離身體。
- 右臂向前抬高,從手肘開始動作。
- 右臂用力伸展,高舉於右腿上方。手腕往前,擲出手指握住的壘球。
- 完成順勢動作,投擲的手臂放下,橫向掠過身體。

概論：壘球擲遠

特殊奧運田徑的投擲項目非常刺激有趣。壘球擲遠是很獨特的特殊奧運項目，是適合能力較低的運動員的發展項目。有些運動員技巧進步之後，能開始接觸鉛球、迷你標槍之類的傳統投擲項目。

指導重點：握住壘球與預備姿勢

1. 以投擲手（慣用手）拿起壘球。
2. 拇指位於壘球下方。食指、
   中指及無名指必須位於壘球
   上方。小指應位於壘球的一
   側。教練可能必須依據運動
   員手部的大小，調整握球的
   方式。

3. 緊壓手指施加壓力，將球握在手中。

指導重點：站立手舉過肩壘球擲遠

1. 站在犯規線後方 1.5 步處。左肩朝向投擲方向。雙腳平行，相隔
   距離比肩寬稍微寬一些。腳趾朝向前方。
2. 抬起右臂，手肘朝向後方，握著球的手位於頭部後方。
3. 左臂彎曲，停在胸前。
4. 右腳推離地面，左腳朝著投擲方向走一步。
5. 將身體重心從
   右腿移至左腿。
6. 右臂向前抬高，
   從手肘開始動
   作。
7. 用力伸展右臂，

手腕向前彎，擲出指尖握住的球。

8. 完成順勢動作，右臂放下，橫向掠過身體。

9. 正式的特殊奧運田徑規則規定投擲時必須手舉過肩，類似美式棒球。

指導重點：輪椅壘球擲遠預備姿勢

1. 輪椅的前輪位於犯規線後方。後輪鎖住。

2. 挺直身體坐在輪椅上。臀部必須靠在輪椅的後方。雙腳可放在地上，或放在踏板上。

3. 以正確的方式握住壘球。

4. 右手肘彎曲成九十度，抬高遠離身體，將球握在頭部後方。手位於手肘後方。

5. 左臂位於高於眼睛的位置，坐在輪椅上稍微後傾，背部微拱。

指導原則：手舉過肩輪椅壘球擲遠

1. 就預備姿勢。左臂向右揮將球擲出，再拉回左方。

2. 右肩抬高，左肩同時放低。右手肘繼續抬高，遠離身體。

3. 右臂向前抬高，從手肘開始動作。

4. 用力伸展右臂，高舉在右腿上方。手腕向前彎，擲出手指握住的球。

5. 右臂完成順勢動作，放下，橫向掠過身體。

壘球擲遠教學（技巧培養）的訣竅

1. 示範如何握住壘球。

2. 示範正確的投擲姿勢。

3. 動手將運動員的手指放在球上。

4. 手較小的運動員，可將四根指頭放在壘球的上方，拇指放在壘球

的一側，以投擲手的手掌握住球。

5. 站在運動員身後，協助移動運動員的手臂，做出投擲的動作。

6. 先練習不使用球的投擲動作，再用球投擲。

7. 練習投出的球要越過障礙物，例如有橫桿的跳高架。

8. 強調投擲的手臂要抬高，投擲時要手舉過肩。

9. 確認在投擲時，左肩低於右肩，背部拱起。運動員這樣才能發揮最大的投擲力。

10. 安排運動員練習在投擲之前踏出一步。

11. 在地上做記號，提醒運動員以正確的腳踏步。

壘球擲遠比賽的訣竅

1. 舉辦練習賽。告訴你的運動員在比賽應扮演哪些角色。一位運動員扮演場上工作人員，其他運動員幫忙標記投擲的距離。

2. 提醒你的運動員要：

   a. 仔細聽工作人員叫他們的名字。

   b. 從後方的線進出投擲區。

   c. 站在投擲區的後方。

迷你標槍投擲主要技巧清單

你的運動員可以

- 以投擲的手握住迷你標槍，手指位於正確的位置。
- 握住手掌中的迷你標槍。
- 以放鬆挺直的手臂，握住迷你標槍。手臂位於肩膀後方，且高於肩膀。

站立投擲

- 投擲者站著面向前方，一隻手臂高舉在身後。
- 腳的位置要正確：後腳呈 45 度。前腳面向前方。
- 完成正確的投擲前動作：膝蓋彎曲，臀部推向前方。用左臂阻擋。
- 從肩膀與手肘開始出力，投擲迷你標槍。
- 擲出迷你標槍。

一步投擲

- 站在犯規線後方 1.5 步處。
- 站在旁邊，頭朝向前方，臀部與肩膀朝向側面。
- 右腳仍朝向前方，雙膝放鬆。
- 向前踏，手維持在肩膀上方。
- 將迷你標槍從頭上擲出。
- 完成順勢動作。

完整投擲

- 站在五步投擲的正確開始位置。
- 開始交叉跑。
- 跑到犯規線停下。
- 手維持在肩膀之上。
- 將迷你標槍從頭上擲出。
- 完成順勢動作。

概論：迷你標槍

迷你標槍是一種田賽項目，運動員必須發揮技巧、力量及速度，將迷你標槍「拉」得越遠越好。

指導原則：握住迷你標槍

迷你標槍的握法

迷你標槍有三種握法。

1. V 形握法：以手掌握住迷你標槍，槍把的頂部兩側分別是直指與中指。投擲者將標槍放在食指與中指中間。

2. 美式握法：食指通常會握住握把邊緣。拇指握住握把另一側的邊緣，其他手指則是直接繞著握把。

3. 芬蘭式握法：將迷你標槍放入手中，你會發現迷你標槍很自然地停留在你的手中，而且你的中指很自然地落在握把的邊緣。

很多人也喜歡用中指握住迷你標槍，因為中指比其他手指強壯許多。

指導重點：站立投擲

1. 運動員站著，雙腳間隔與肩同寬。
2. 運動員站在犯規線後，面向前方。
3. 投擲的手臂高舉在運動員身後。後腳呈 45 度，前腳朝向前方。
4. 以打直且放鬆的手臂，將迷你標槍舉高。迷你標槍的尖端應與耳

朵等高。

5. 膝蓋稍微彎曲，重心移回後腳。

6. 運動員以前腳為樞紐，臀部轉向前方。

7. 以左臂在肩膀的高度阻擋。

8. 從肩膀與手肘開始投擲動作。

9. 擲出迷你標槍。

指導重點：一步投擲

1. 站在犯規線後方旁邊 1.5 步的位置。頭面向前方，臀部與肩膀面向側邊。

2. 右腳面向前方，雙膝放鬆。

3. 向前走一步，左腳腳跟就定位。以右腳推動，重心位於右腳的前腳掌。

4. 臀部轉向前方。肩膀、手臂與投擲的手隨後也轉向前方。

5. 右臂往前，手肘抬高靠近頭部。

6. 手維持在高於肩膀的位置。將迷你標槍從頭上擲出。

7. 完成順勢動作。

指導重點：完整投擲（五步）

1. 就五步投擲的正確開始位置。

2. 將右腳跨過左腳。踏步、跳躍，再以左腳踏步。

3. 左腳腳跟就定位，右腳推動，以右腳的前腳掌為重心。

4. 臀部轉向前方。肩膀、雙臂及投擲的手隨後也轉向前方。

5. 右臂往前，手肘抬高靠近頭部。

6. 手維持在高於肩膀的位置。將迷你標槍從頭上擲出。

7. 完成順勢動作。

提升技巧的訓練：迷你標槍

觀察到的行為	教練糾正	訓練／測試
握法不正確：握得太緊	扭動運動員手中的迷你標槍，以鬆開緊握的手	放開迷你標槍，以正確的方法重新握住
握法不正確：以拳頭握住	將手指重新安放在正確的位置	放開迷你標槍，以正確的方法重新握住
只以指尖握住迷你標槍	示範握住迷你標槍的正確方法	放開迷你標槍，以正確的方法重新握住
迷你標槍指向錯誤的方向	提醒運動員要將標槍指向他們希望標槍前往的位置，或是「用標槍指向目標」	指示運動員正確的方向。要求運動員指出標槍投擲的方向
手臂投擲的動作太低，而且會繞圈	教導運動員像網球發球一樣，將標槍從肩膀上方擲出	模仿標槍投擲的動作：要求運動員以手指在投擲手的肩膀上方前後掃動，動作就像畫筆一樣，彷彿在畫頭上一根長長的橫梁（自己也試試這個動作）

迷你標槍的訓練

訓練名稱	伸展	目的	伸展肩膀、軀幹，以及手臂的主要肌肉
重複次數	請參閱每一項運動	使用時機	暖身

教學重點

1. 雙臂伸直，兩手相隔較寬握住掃帚的柄，將掃帚柄高舉過頭，再回到原位。運動員的雙手要相隔夠遠，手臂才不會彎曲。
   - 兩組各重複五次
2. 運動員握著掃帚柄，完成划船的動作。
   - 兩組各重複十次
3. 運動員站在牆前，與牆面相隔一步的距離，高舉雙臂，將雙手放在牆上。運動員的身體也要靠在牆上，感受肩膀與軀幹的伸展。
   - 兩組各五秒
4. 要求運動員以類似前述的姿勢，一次使用一隻手臂，同一方向的手臂與腿同時收回（例如右臂與右腿），全面伸展身體。
   - 一隻手臂兩組各 3 秒，兩隻手臂交替
5. 風車：雙臂在身體兩側同時擺動畫圈，再各自畫圈。往前也往後畫圈。
   - 每一隻手臂兩組各畫圈十次

強調重點

- 一開始速度較慢，等運動員暖身過後再加速。

訓練名稱	投擲渦旋玩具或小球	目的	投擲手臂的暖身，在暖身期間培養良好的技巧
重複次數	兩組各五次	使用時機	暖身或賽季初

教學重點

1. 站在犯規線上。
2. 運動員投擲渦旋玩具或小球。

強調重點

- 著重投擲迷你標槍所用的投擲動作。
- 著重技巧的品質。
- 運動員若是太用力投擲，就讓目標離犯規線近一些。
- 等到運動員投擲較為精準，就將目標逐漸移遠。
- 依據每一位運動員的情形，選擇站立式、一步、三步或五步投擲。

訓練名稱	低手投擲	目的	培養速度與力量
重複次數	兩組各重複五次	使用時機	暖身或賽季初

教學重點

1. 首先將球高舉過頭。
2. 迅速彎曲身體，球位於兩膝之間。
3. 再拱起身體，（低手）向前投擲，越遠越好。

強調重點

- 首先使用較輕的球，等到運動員的力量變大，可慢慢增加球的重量。
- 等到運動員的力量夠強大，亦可使用藥球。

訓練名稱	俄式扭動	目的	培養軀幹的速度與力量，增強投擲動力
重複次數	兩組各重複十次	使用時機	暖身或賽季初

教學重點

1. 首先球位於肚臍高度，雙臂稍微彎曲。
2. 開始將球移向一側。
3. 將球繞過身體前方，每次扭動，球的重量就從身體一側，完全轉換到另一側。

強調重點

- 連續且平穩從右方移至左方。
- 一開始先用較輕的球，等到運動員的力量變得更大，再增加球的重量。

訓練名稱	目標投擲	目的	培養投擲的精準度 學習走步技巧
重複次數	十次目標投擲	使用時機	暖身或賽季初

教學重點

1. 先將迷你標槍持於眼睛的高度，再朝向目標投擲。
2. 先從較近的目標開始，再逐漸將目標移遠。

強調重點

- 練習一開始雙腳錯開。
- 練習一開始左腳位於右腳旁，再移動到投擲位置。
- 一開始左腳位於右腳後，再移動到投擲位置。

訓練名稱	藥球站立投擲	目的	提升投擲的力量
重複次數	兩組各重複五次，隨著運動員的力量與耐力改善，可增加重複次數	使用時機	暖身或賽季初

教學重點

1. 站在一條線上，雙腳平行，略有間隔。
2. 面向擲球的方向。
3. 雙手握球，高舉至頭部後方。
4. 用力將球投擲得越遠越好。

強調重點

- 運動員完成站立投擲，除非要進階到一步投擲，否則不要鼓勵運動員往前走步。
- 運動員若是完成一至五步的投擲，就鼓勵他們自然往前走步，將投擲距離最大化。

訓練名稱	投擲練習	目的	增加力量與投擲力
重複次數	兩組各重複十次	使用時機	暖身或賽季初

教學重點

1. 站或坐在離牆 1 至 2 公尺的地方。
2. 雙手將球高舉過頭，再擲向牆壁。

強調重點

- 先用籃球或足球，等到運動員有所進步，再使用較重的球（例如藥球）。
- 等到運動員的力量變大，再增加投擲距離。
- 變化：將球丟向伙伴。

訓練名稱	跳躍練習	目的	增加速度
重複次數	十次	使用時機	暖身或賽季初

教學重點

1. 跳入放置在不同距離的呼拉圈。
2. 側向跳過圓錐。
3. 練習以蹲踞式跳遠，跳入跳遠沙坑。

強調重點

- 使用不同的跳躍法。
- 逐漸增加距離與高度，以提升難度。

訓練名稱	學習三步與五步投擲	目的	練習有協調的三至五步投擲
重複次數	熟練後每個動作重複五次	使用時機	暖身或賽季初

教學重點：進步與變化

1. 側向移動訓練，慢跑回歸原地。
2. 側向交替跳步，手臂無動作。
3. 側向交替跳步，手臂無動作，以腳趾跳躍。
4. 側向交替跳步，手臂無動作，跨步長度增加。
5. 反覆以手臂畫圓。
6. 交叉跨步。
7. 交叉跨步，臀部旋轉。
8. 交叉跨步，膝蓋抬高。
9. 交叉跨步，手臂有動作。

強調重點

- 交叉跨步需要一些時間，有些運動員可能無法完成。在側向跑動的過程中，比較能夠快速交叉跨步。
- 等到運動員的能力與自信提升，再逐漸增加練習的難度。

迷你標槍教學（技巧培養）的訣竅

1. 為了幫助運動員練習正確的標槍握法，教練先將迷你標槍垂直拿著。運動員的食指與拇指沿著標槍柄往下滑，直到碰到握把。其他手指也握住握把，拿起標槍。

2. 運動員如果沒有投擲標槍的經驗，可能難以決定哪一種握法最適合自己。試試全部三種方法，選擇最適合運動員的一種。教練應示範手指正確的擺放位置。

3. 提醒運動員，迷你標槍要對準目標。迷你標槍的尖端要是瞄準太高的位置，迷你標槍可能會：

- 在空中翻跟斗。
- 橫著落地，或尾部先著地（亦即投擲犯規）。
- 投擲的路徑太陡，導致標槍俯衝。

4. 拿著的標槍要遠離身體。

- 告訴運動員，標槍的尖端要靠近自己的太陽穴或眼睛。如果運動員戴著帽子，你可以教他們將標槍的尖端，靠近帽子的最頂端。

5. 在助跑期間暫停或放慢速度，會縮短運動員的投擲距離。如果你的運動員有這種問題，就練習距離更短的助跑（例如三至五步）。強調要在跑道上加速並維持速度。助跑速度必須轉化為投擲速度。連續的短程助跑，比中斷的長程助跑更理想。

6. 教導運動員必須以一次連續平穩的動作，拉著標槍越過肩膀。這種技巧即使不使用標槍也可練習，亦可使用壘球、板球等器具練習。

7. 教導運動員，在擲出標槍之後，手應該要「順著」運動方向自然落下並掠過身側。投擲標槍要兼具速度與力量。運動員要是沒有把動作做完整，標槍就會「飛高而不遠」。

競走主要技巧清單

你的運動員可以

- 一開始以後腳推離地面。前腳往前踏。
- 用力擺動雙臂，以刺激腳部迅速動作。
- 抬起腳跟，以腳趾推離地面，帶動身體向前。
- 雙腳呈一直線，腳趾朝向前方。
- 每走一步，臀部都要往前朝內旋轉。
- 身體來回扭動時，臀部放低轉動。
- 膝蓋彎曲，腿向前擺動。
- 一路拉直膝蓋，一隻腳的腳跟碰到地面，另一隻腳的腳跟即離地。
- 運用腳趾與小腿肌肉，將身體向前推動
- 運用腳趾的落地與推離，增加腳趾的驅動力。
- 在競走過程中頭抬高，軀幹直立，以臀部為中心。
- 雙手的手指彎曲，放鬆。
- 雙臂在胸前來回擺動。
- 保持挺直的姿勢，頸部與肩膀放鬆。
- 隨著速度增加，臀部的動作要放鬆。
- 全程正常競走。
- 前腳跟落地後，後腳跟才離地。

概論：競走

　　競走的定義，是一個人往前走，同時至少有一隻腳接觸地面。競走的技巧很複雜，需要大量練習與耐力。運動員必須快步行走。前腳的腳跟必須接觸地面，支撐腳的腳趾才能離地。在競走比賽中，運動員全程必須有一隻腳接觸地面。在邁步期間，腿必須暫時挺直。支撐腿必須與地面垂直。競走者如果沒有持續接觸地面，就會失去比賽資格。

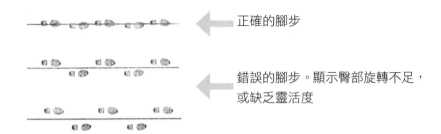

正確的腳步

錯誤的腳步。顯示臀部旋轉不足，
或缺乏靈活度

指導重點：開始行走動作及加速

1. 採取站立開始姿勢。以後腳與前腳同時推動。後腳往前走。

2. 用力擺動雙臂，刺激腳部快速移動。

3. 抬起腳跟，以腳趾推離地面，驅使身體前進。

4. 往前走，與腿部不同邊的手臂彎曲搖擺。

5. 在競走期間，前腳的腳跟必須落地，後腳的腳趾才能離地。一隻
   腳必須位於另一隻腳的前方。

6. 雙手的手指要放鬆。

7. 競走的時候頭要抬高。軀幹要挺直，以臀部為中心。

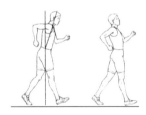

正確的姿勢　　　　　　　錯誤的姿勢

指導重點：維持競走的推動力

1. 以腳趾及小腿的肌肉，推動身體前行，腳步呈一直線。

2. 每走一步，臀部都要往前往內旋轉。

3. 雙臂與身體呈九十度角。用力將雙臂前後擺動。

4. 雙臂來回擺動，也要經過你的胸前。前臂應與地面平行，手臂應從肩膀開始擺動。

5. 要維持挺直的姿勢。頸部與肩部要放鬆。

6. 身體來回扭動時，臀部放低轉動。雙腿的移動就會更快更輕鬆，步幅也會更長。

7. 膝蓋彎曲，往前擺動走步，這樣腳趾就能離地。

8. 前進的腿在腳跟落地時，必須打直，且必須持續打直，直到與地面垂直。

9. 要運用腳趾與小腿肌肉，推進身體前進。腳步要呈一直線，腳趾指向前方。

10. 運用腳趾的落地與推離，增加腳趾的驅動力。

11. 隨著速度增加，臀部的動作要放鬆。

12. 維持正確的姿勢，以最快速度競走。

13. 快速衝刺完成比賽。

適當的臀部旋轉　　　臀部旋轉過度

提升技巧的訓練：競走

觀察到的行為	教練糾正	訓練／測試
臀部左右搖擺，而不是前後移動	改善臀部的移動能力 讓運動員更了解正確的移動（或更了解錯誤的移動）	分解步驟，示範臀部移動的正確方向
雙臂太用力上下前後擺動	雙臂前後擺動（彷彿活塞），手肘屈曲 手臂的擺動不要超過身體的範圍	練習站立，指導正確的技巧
前腳尚未落地，後腳就已經離地	腳落地要更快 要記得腳要有抓地的動作	減慢速度

競走訓練

訓練名稱	競走訓練	目的	培養步速 培養衝刺能力
重複次數	三次 3 百公尺的加速與減速	使用時機	技巧訓練初期

教學重點

1. 以慢速開始。
2. 過了 50 公尺就要吹哨，指示運動員加速。
3. 再過了 50 公尺後再次吹哨，要求運動員進一步加速。
4. 吹哨兩次，指示運動員減速。

強調重點

● 維持正確的姿勢。

競走教學（技巧培養）的訣竅

1. 示範這個項目的每一個部分：

- 開始比賽。

- 行走：至少要有一隻腳落地。

- 腳跟落地的地方，應位於身體重心稍前的地方。

2. 1 百公尺競走：

- 步伐流暢輕鬆。至少要有一隻腳落地。

- 軀幹與臀部不會橫向擺動。

- 手肘呈 90 度彎曲。

- 變換速度，保持適當的姿勢與步速。

- 以高速行走。著重手臂與腿部的驅動力，以及正確的姿勢。

3. 競走兩百公尺，身體不能前後傾斜。

4. 使用雙臂控制速度。

5. 要求運動員感受後腳腳趾推離地面的強勁力量。要求他們在 1 百至 2 百公尺的競走，使用後腳強勁的推離力量，增加步長。

6. 強調使用彎曲的手臂，增強每一次腿部驅動的力量。

7. 站著不動練習手臂擺動。

8. 教導運動員要停留在自己的跑道。

9. 以後腳腳趾的落地與推離，增加驅動力。要注意在高速行走時，後腳會變成幾乎垂直。

10. 要注意雙腳互相經過，走動腿的臀部會降至最低點，另一邊的臀部則是會升至最高點。

11. 要求運動員，快走的時候要想到「更輕鬆走」。

12. 依序將一隻腳放在另一隻腳的正前方，雙腳不能向外轉。

13. 頭要抬高，要看著終點線。

輪椅競速主要技巧清單

你的運動員可以

- 坐進輪椅座位的深處。臀部緊靠著椅背的下半部。
- 上半身前傾，肩膀保持在臀部前方。
- 雙膝與雙腳併攏，位於輪椅的中心。
- 握住輪子或扶手的 11 點鐘位置。
- 頭保持稍微前傾。
- 將輪子或扶手往前推，從 11 點鐘位置移至 4 點鐘位置，再鬆開握著輪子的手。
- 雙臂與雙手不斷轉動，經過 6 點鐘與 9 點鐘位置，再回到 11 點鐘位置。
- 在轉動與恢復期間，身體與頭部要保持不動。

概論：輪椅競速

使用手動與電動輪椅的運動員，可參加特殊奧運的輪椅競速項目。

特殊奧運比賽可能包含下列項目：

手動輪椅		電動輪椅
10 公尺	1 百公尺	30 公尺迴旋賽
25 公尺	2 百公尺	50 公尺迴旋賽
30 公尺迴旋賽	4 百公尺	25 公尺跨欄賽
25 公尺四圈往返接力		

手動輪椅與電動輪椅不得同場競技。運動員必須獨力完成比賽，教練在比賽期間，不得給予任何協助。

指導重點：輪椅競速（預備比賽姿勢）

1. 運動員必須全程坐在輪椅的軟墊或座位上。
2. 上半身必須前傾，肩膀位於臀部前方。
3. 雙膝與雙腳併攏，位於輪椅的中心。
4. 握住輪子或扶手的 11 點鐘位置，亦即輪子的最高點（12 點鐘位置）後方一點點的位置。拇指應位於輪椅內側，其他手指位於輪椅外側。
5. 頭部稍微前傾，注意看著前方幾公尺。

指導重點：輪椅競速（往前轉動與恢復）

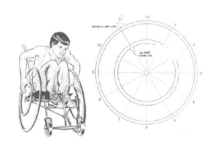

1. 就預備比賽姿勢。將輪子或扶手往前推動，從 11 點鐘位置推向 4 點鐘位置，鬆開握住輪子的手。
2. 雙臂與雙手繼續轉動（亦即經過 6 點鐘與 9 點鐘位置，再恢復到 11 點鐘位置）。重複一次。
3. 在轉動與恢復期間，身體與頭部要維持不動。

輪椅競速教學（技巧培養）的訣竅

1. 示範預備姿勢。
2. 如有需要，要督促運動員調整手臂、手，以及腿的位置。可以直接碰觸運動員的這些部位，或是動手調整位置。但在碰觸之前，必須徵求運動員同意。
3. 平衡感較差的運動員，雙腳要朝上靠著輪椅，膝蓋要抬高到胸

部。

4. 給運動員看輪子，以及雙手擺放的時針位置，解釋轉動的動作。

5. 提醒運動員要：

- 身體、軀幹與頭部要保持不動。
- 只動雙手與雙臂。
- 上半身的動作會放慢輪椅的衝力（例如彈跳、來回搖動）。

6. 解釋最強而有力的轉動，應該是從 12 點鐘位置至 4 點鐘位置。

7. 舉行練習賽。練習聽見起跑鳴槍或口令的反應。

8. 強調雙手要一齊轉動與恢復輪子。強調雙手的力量要相等，輪椅的移動才會平穩有效率。

9. 提醒運動員，轉動不可超過 5 點鐘位置，否則雙手、雙臂與雙肩可能會嚴重受傷。

10. 手臂癱瘓的輪椅運動員特別注意。他們可以用雙腳將輪椅往前與往後推動。運動員若是往後推動輪椅，在比賽開始前，整個輪子必須位於起跑線後方。他們必須戴安全帽。

五項全能主要技巧清單

你的運動員可以

- 進行站立式起跑或起跑器起跑。
- 維持臀部抬高，非常直挺的姿勢。
- 以雙腳的前腳掌推離跑道地面。
- 將膝蓋抬高至與跑道平行。
- 發力腳離地時，維持腳跟抬高的收腿動作。
- 維持直挺姿勢，身體稍微前傾。傾身是從地面開始，而非從腰部開始。
- 雙臂前後擺動，肩膀不旋轉。
- 雙腳收縮，腳趾朝上。
- 比賽全程正常衝刺。
- 測量並標記跳遠的助跑。
- 進行九步助跑。
- 起跳腳定在犯規線後方的板子上。
- 伸展起跳腿，從起跳板起跳。
- 上半身保持挺直，頭抬高。
- 完成完整且合格的走步式或挺身式急行跳遠。
- 測量並標記跳高的助跑。
- 完成助跑以及背越式或剪式跳高的助跑。
- 完成完整且合格的背越式或剪式跳高。
- 一天進行多個項目。
- 將注意力從一個項目轉移到下一個項目。
- 展現良好的整體狀態、速度、靈活度、力量及耐力。

概論：五項全能

　　五項全能包括五項田賽與徑賽，分別是：

1. 1 百公尺。

2. 跳遠。

3. 鉛球擲遠。

4. 跳高。

5. 4 百公尺。

五項全能的比賽會按照上述次序登場。

如果你的運動員在這五項的三至四項表現良好，你就可以與他們討論是否參加五項全能。五項全能參賽者必須具備速度、力量、耐力及靈活度。而且必須精通每一個項目。五項全能的訓練及準備工作，也需要決心、幹勁及專注。

在五項全能，時間與距離會轉換為分數。在特殊奧運田徑規則的分數表，每個項目的分數從 1 分到 1 千 2 百分。五個項目總分最高的運動員勝出。五個項目各自的排名，與最後結果無關。

參加跳遠或鉛球比賽的運動員，有三次機會可以完成一次合格的跳遠或投擲。運動員若三次都犯規，該項目的得分就是零分。因此很多運動員會努力在第一次就得到安全且合格的分數。第二次與第三次則是要用來爭取更好的分數。

五項全能訓練

狀態在五項全能至關重要。教練的首要重點，應該是全面提升運動員的狀態：

- 速度
- 力量
- 耐力
- 靈活度

速度訓練很重要。速度與三個項目（1百公尺、4百公尺及跳遠）的表現直接相關。所以提升速度，對得分的影響很大。

技巧訓練要簡單。找出各項目共通的技巧。技巧小有進步，就能提升比賽的表現。這對比賽的得分影響很大。

力量訓練有兩種角色。傳統的力量訓練能全面提升身體的肌肉力量。增強式訓練以及其他動態運動，則是能強化肌肉的功能強度，提升運動員進行與運動或項目相關的動作的力量，例如單腳跳與跳躍。

休息與恢復非常重要。進行五種項目的訓練，身體會非常吃力。五項全能運動員為了參賽，必須大量訓練。休息與恢復就跟任何一種訓練課一樣重要，能避免運動員受傷與過勞。

每一位運動員，都有較擅長及較不擅長的項目。教練也應協助運動員加強較不擅長的項目。

等到運動員培養出良好的狀態，能在各項目取得不錯的成績，訓練的重點就可轉移到跳躍項目與1百公尺賽跑。這些項目的分數較高。五項全能的訓練內容如下：

賽季前的準備期

特定項目訓練

- 進行每一個項目的訓練，比照個別比賽的訓練。詳細資訊請參閱本教練指南的相關章節。
- 訓練應以提升身體某些部位的狀態為目的。
- 練習每一個項目的技巧。
- 首先著重耐力，速度次之。

力量訓練

- 首先著重整體的力量。
- 　然後要著重提升跳躍與鉛球所需的爆發力。

比賽期

特定項目訓練

- 訓練較為具體與詳細。
- 重點在於改正技巧上的錯誤。
- 變換速度訓練的距離。
- 跑步的距離應較短，強度較高，次數較少。
- 重點放在提升速度。

力量訓練

- 重點放在保持力量。

五項全能教學（技巧培養）的訣竅

1. 著重在訓練速度。
2. 跳躍訓練與投擲訓練，是調整狀態的兩大關鍵。
3. 將你的運動員的表現水準，與得分表互相比較。找出在哪些地方，小幅度的進步能獲得最多的分數。再思考哪些調節與技巧訓練，能造就這些進步。
4. 按照五項全能比賽的項目順序，規劃訓練。
5. 要記住！參加跳遠與鉛球比賽的運動員，有三次機會完成合格的跳遠與投擲。運動員如果三次都犯規，在該項項目就會得零分。可以與運動員一起想辦法，在第一次就得到安全且合格的分數。之後的兩次則是可以用來爭取更高的分數。

五項全能比賽的訣竅

教練是比賽準備工作的靈魂人物。教練與運動員如果沒有解決下列重要問題，那麼多花在訓練的時間都會白費。

1. 良好的心理訓練

a. 在每一個項目都要有良好的表現。

b. 要記得，在一個項目得到低分，並不代表整體的成績不佳。

c. 運動員要專注在當前的項目，不要去想下一個項目，也不要專注在最後的項目。每一位運動員，都應該全神貫注在當前的項目。

d. 在比賽之間的時間要放鬆，才能做好心理準備，迎接下一個項目。

2. 要為天氣做好準備

a. 運動員在比賽期間，可能會有二至三小時必須待在露天環境。

b. 如有必要，要穿上保暖衣物。要保護運動員不受日曬雨淋等等。

c. 運動員在非比賽時間，或是在兩場比賽之間的時間，應避免日曬。

3. 了解跳高的起跳高度

a. 要從你的運動員能跳過的高度開始。

4. 追蹤競爭對手的總分

a. 最好在最後一個項目（4百公尺）開始之前，讓運動員知道他們的分數或排名。也可以告訴他們必須跑多快，才能達到理想的最終成績或排名。

5. 補充水分

a. 運動員必須吸收足夠的水分，才能避免脫水。運動員可能也需要進食。可攜帶健康的點心前往比賽。詳細資訊請參閱特殊奧運 Fit 5 營養指導原則 http://resources.specialolympics.org/fit- 5/#.WLfyzfLpU-k。

6. 比賽要有趣

a. 運動員如果訓練得當，就會覺得比賽比較輕鬆。要把重點放在個人表現，而不是最終排名。

中長跑附錄

八百公尺：八週訓練計畫

這個訓練的內容可依照運動員的體適能及能力等級，予以調整。從第四週開始，每週都要增加第四天與比賽。比賽可以是地方的比賽、正式的特殊奧運比賽，或者你也可以在訓練課進行每月比賽。重點在於你的運動員必須能夠以比賽的速度，練習他們要參加的賽跑項目。

每次訓練都務必以暖身開始，以緩和結束。詳細資訊請參閱我們的資源網頁的「暖身及緩和指南」。

第一週		
第一日	第二日	第三日
快速折返跑訓練	快速折返跑訓練	快速折返跑訓練
以 50% 的速度，完成 2 百公尺八圈	以 50% 的速度，完成 3 百公尺六圈	以 50% 的速度，完成 4 百公尺兩圈
重點：跑的時候身體挺高挺直，快速折返跑	重點：跑的時候身體挺高挺直，快速折返跑	休息：慢跑 4 百公尺
休息：慢跑 4 百公尺	休息：慢跑 4 百公尺	以 50% 的速度，完成 8 百公尺一圈
第二週		
第一日	第二日	第三日
快速折返跑訓練	快速折返跑訓練	快速折返跑訓練
以 50% 的速度，完成 1 千公尺	以 75% 的速度，完成 4 百公尺四圈	以全速完成 8 百公尺
休息：慢跑 8 百公尺	休息：慢跑 4 百公尺	
以 50% 的速度，完成 1 千 2 百公尺	以 75% 的速度，完成 3 百公尺六圈	
	休息：慢跑 4 百公尺	

第三週		
第一日	第二日	第三日
快速折返跑訓練	快速折返跑訓練	快速折返跑訓練
在路上進行 2 英里中長程跑，輪流跑 3 分鐘與走 30 秒	以目標速度，完成 4 百公尺四圈	以 75% 的速度，完成 1 千 2 百公尺
	休息：慢跑 4 百公尺	休息：慢跑 8 百公尺
	8 百公尺慢跑	以 50% 的速度，完成 1 千公尺
	以目標速度，完成 4 百公尺四圈	休息：慢跑 8 百公尺
	休息：慢跑 4 百公尺	以目標速度，完成 2 百公尺四圈
		休息：慢跑 4 百公尺

第四週：加入第四日及比賽！
內容與第三週相同

第五週：加入第四日及比賽！		
第一日	第二日	第三日
快速折返跑訓練	快速折返跑訓練	快速折返跑訓練
在路上進行 3 英里中長程跑，輪流跑 4 分鐘與走 1 分鐘	30 秒：努力跑到最遠	以目標速度，完成 4 百公尺四圈
	休息：90 秒	休息：慢跑 4 百公尺
	60 秒：努力跑到最遠	以目標速度，完成 4 百公尺四圈
	休息：2.5 分鐘	
	90 秒：努力跑到最遠	
	休息：4 分鐘	

第六週：加入第四日及比賽！		
第一日	**第二日**	**第三日**
在路上以輕鬆穩定的速度，跑4英里。在最後的3英里，輪流奮力跑2分鐘與中度努力跑5分鐘	快速折返跑訓練	快速折返跑訓練
	以目標速度，完成4百公尺四圈	以目標速度完成2百公尺，慢跑2百公尺
	休息：慢跑4百公尺	以目標速度完成3百公尺，慢跑3百公尺
	以最快速度，跑完3百公尺兩圈	以目標速度完成4百公尺，慢跑4百公尺
	休息：8分鐘	以目標速度完成2百公尺

第七週：加入第四日及比賽！
內容與第五週相同

第八週的第四日：參加錦標賽		
第一日	**第二日**	**第三日**
以目標速度，快速完成4百公尺六圈	以目標速度，快速完成4百公尺四圈	以目標速度，快速完成4百公尺兩圈
休息：慢跑4分鐘	休息：慢跑4分鐘	休息：慢跑4分鐘

3 公里：八週訓練計畫

暖身：在每一次均速跑，首先行走 2 分鐘，再輕鬆跑 10 分鐘。

緩和：慢跑 5 分鐘。然後跨大步走 1 百公尺六圈。

第一週			
第一日	第二日	第三日	第四日
努力完成 2 英里（有氧）	努力完成 2.5 英里（有氧）	以 75% 的速度，完成 2 英里（有氧）	努力完成 2.5 英里（有氧）

第二週			
第一日	第二日	第三日	第四日
3 英里有氧	以最快速度完成 8 百公尺五圈	以 75% 的速度，完成 4 百公尺四圈	以第三日的 4 百公尺速度的 75%，完成 10 分鐘奮力跑
	休息：3 分鐘慢跑（有氧，無氧）	休息：在訓練的空檔，完成 4 百公尺慢跑	
		8 百公尺慢跑	
		以 75% 的速度，完成 4 百公尺五圈	
		休息：在訓練的空檔，完成 4 百公尺慢跑	

第三週			
第一日	第二日	第三日	第四日
有氧 4 英里	以 10 公里的速度，完成 1 千 6 百公尺兩圈	以馬拉松的速度，完成 3 英里	稍微努力完成 3.5 英里（有氧）
	在訓練的空檔，休息 5 分鐘		

第四週			
第一日	第二日	第三日	第四日
以 10 公里的速度，完成 1 千 2 百公尺三圈 休息：4 分鐘（有氧）	稍微努力完成 4 英里（有氧）	以 10 公里的速度，完成 1 千 6 百公尺兩圈 休息：在訓練的空檔，完成 5 分鐘慢跑（有氧、無氧）	以馬拉松的速度，完成 3 英里（有氧）
第五週			
第一日	第二日	第三日	第四日
稍微努力完成 4 英里（有氧）	以 3 公里的速度，完成 2 百公尺五圈 休息：在訓練的空檔，完成 2 百公尺慢跑（無氧）	稍微努力完成 4 英里（有氧）	計時跑 1 英里（最快速度）
第六週			
第一日	第二日	第三日	第四日
以 3 公里的速度，完成 4 百公尺四圈 休息：在訓練的空檔，完成 4 百公尺慢跑 慢跑 8 百公尺 重複（無氧）	稍微努力完成 3.5 英里（有氧）	努力完成 1 英里 8 百公尺慢跑 以 3 公里的速度，完成 4 百公尺四圈 休息：在訓練的空檔，完成 4 百公尺慢跑（有氧、無氧）	以最快速度，完成 3 公里的賽跑／計時試驗

第七週			
第一日	第二日	第三日	第四日
稍微努力完成 4 英里	4 百公尺的臀部靈活度訓練	稍微努力完成 4 英里	4 百公尺的全身靈活度訓練
在跑步期間，六次加速至 3 公里的速度，維持 30 秒（有氧）	2 英里限時行走	在跑步期間，六次加速至 3 公里的速度，維持 30 秒（有氧）	以 5 公里的速度，完成 8 百公尺四圈
			在訓練的空檔，慢跑 4 分鐘
			四組的十次卷曲仰臥起坐

第八週			
第一日	第二日	第三日	第四日
稍微努力跑 3 英里	稍微努力跑 10 分鐘	10 分鐘輕鬆跑	
在跑步期間，四次加速至 3 公里的速度，維持 30 秒（有氧）	以 3 公里的速度，完成 4 百公尺四圈	以 3 公里的速度，完成 4 百公尺三圈	以最快速度，完成賽跑錦標賽（無氧）
	休息：在訓練的空檔，慢跑 4 百公尺（無氧）	休息：在訓練的空檔，慢跑 4 百公尺（有氧，無氧）	

5 公里與 10 公里的十二週訓練計畫

別忘了要暖身，也要緩和！詳細資訊請參閱我們的「暖身及緩和指南」。

暖身：每次訓練先從 10 至 12 分鐘的低至中等強度活動開始。例如快走 2 分鐘，再提高到 10 分鐘的輕慢跑。也可納入動態伸展。

緩和：每次訓練的最後，應以 5 分鐘慢跑作為緩和。別忘了在慢跑前後都要伸展。

第一週			
第一日	第二日	第三日	第四日
努力跑 3.5 英里	努力跑 3 英里	以最快速度跑 3.5 英里（有氧）	以最快速度跑 8 百公尺五圈（有氧、無氧）
			恢復：重複之間的時間進行 3 分鐘慢跑

第二週			
第一日	第二日	第三日	第四日
努力跑 4 英里	努力跑 1 千 2 百公尺四圈	以最快速度跑 4 英里（有氧）	10 分鐘中長程跑（有氧、無氧）
	恢復：重複之間的時間跑 3.5 分鐘的慢跑		計算長度，每達 1 千 6 百公尺要計算速度

第三週			
第一日	第二日	第三日	第四日
努力跑 4.5 英里（有氧）	完成兩組的 4 百公尺四圈（無氧）	稍微努力完成 3 英里	以最快速度，完成 2 英里計時試驗
	每完成 4 百公尺，要慢跑 4 百公尺		
	每完成一組要慢跑 8 百公尺		

第四週			
第一日	第二日	第三日	第四日
稍微努力完成4英里（有氧）	以10公里的速度，完成1千2百公尺三圈（有氧） 休息：在訓練的空檔，慢跑8百公尺	稍微努力完成4.5英里（有氧）	以5公里的速度，完成兩組的4百公尺四圈（無氧） 每完成4百公尺，要慢跑4百公尺 每完成一組要慢跑8百公尺

第五週			
第一日	第二日	第三日	第四日
以5公里的速度，完成2百公尺四圈 慢跑8百公尺兩圈	以最快速度完成3英里上坡跑（有氧） 賣力跑上坡，輕鬆跑下坡	稍微努力跑4英里	以最快速度完成5公里賽跑或計時試驗

第六週			
第一日	第二日	第三日	第四日
稍微努力跑1英里 努力跑2英里 稍微努力跑1英里（有氧，無氧）	以最快速度完成上坡跑（有氧） 賣力跑上坡，輕鬆跑下坡	以5公里的速度，完成2百公尺兩圈 以不同的努力程度，慢跑2百公尺 慢跑8百公尺 以10公里的速度，完成2百公尺四圈 以不同的努力程度，慢跑2百公尺 慢跑8百公尺 重複（無氧）	以最快速度，完成3公里賽跑或計時試驗

第七週與第八週			
第一日	第二日	第三日	第四日
以5公里的速度，完成4百公尺四圈	稍微努力跑3英里（有氧）	稍微努力跑20分鐘	以最快速度跑10公里
在訓練的空檔，慢跑4百公尺		努力跑20分鐘（有氧，無氧）	
慢跑8百公尺			
2百公尺四圈（兩組）			
在訓練的空檔，慢跑2百公尺			
在各項訓練之間，慢跑4百公尺			

第九週			
第一日	第二日	第三日	第四日
以5公里的速度，完成4百公尺四圈	稍微努力跑4英里（有氧）	3英里上坡（有氧）	以10公里的速度，完成1英里三圈
在訓練的空檔，慢跑4百公尺			休息：慢跑5分鐘
慢跑8百公尺			
2百公尺四圈（兩組）			
在訓練的空檔，慢跑2百公尺			
在各項訓練之間，慢跑4百公尺			

第十週（重複第七週）

第十一週			
第一日	第二日	第三日	第四日
8 百公尺五圈	以 10 公里的速度，完成 1 千公尺六圈	2 英里輕鬆	
以 5 公里的速度，完成第一圈 4 百公尺	休息：慢跑 3 分鐘	以 5 公里的速度，完成 4 百公尺四圈	以最快速度進行 10 公里賽跑
以 10 公里的速度，完成第二圈 4 百公尺		以不同的努力程度，慢跑兩百公尺	
休息：慢跑 3 分鐘（有氧，無氧）			
第十二週			
第一日	第二日	第三日	第四日
2 英里輕鬆	2 英里輕鬆	2 英里輕鬆	
以 5 公里的速度，完成 4 百公尺六圈	以 5 公里的速度，完成 4 百公尺五圈	以 5 公里的速度，完成 4 百公尺四圈	以最快速度進行錦標賽
以不同的努力程度，慢跑 4 百公尺	休息：慢跑 3 分鐘（有氧，無氧）	以不同的努力程度，慢跑 3 分鐘	

馬拉松訓練計畫：十八週時程表

原則：初學者及首次接觸馬拉松的運動員

最低能力要求：運動員必須能夠跑 10 公里，才能開始接受馬拉松訓練

起初的幾週：較簡單的訓練以提升耐力

中間幾週：等到跑的長度越來越長，要加上一個休息週。

每天的訓練都有不同的重點。

星期一	加速跑，或重複的中坡度上坡跑，長度約為 250 公尺
星期二	休息或交叉訓練，搭配中度活動，例如游泳與行走（跑步動作較少）
星期三	加速跑，或重複的中坡度上坡跑，長度約為 250 公尺
星期四	輕鬆的恢復跑
星期五	大量重複，重量訓練較少。只是健身，毋須鍛鍊肌肉
星期六	慢速長跑（馬拉松速度的 65 至 75%，例如在 4 小時又 30 分鐘的馬拉松，是以每公里 7 至 8 分鐘的速度）
星期日	恢復

週次	星期一	星期二	星期三	星期四	星期五	星期六	星期日
一	44 分鐘	休息／交叉訓練	44 分鐘	44 分鐘	重量	12 公里	休息日
二	三次上坡訓練	休息／交叉訓練	55 分鐘	55 分鐘	重量	12 公里	休息日
三	55 分鐘	休息／交叉訓練	四次上坡訓練	55 分鐘	重量	16 公里	休息日
四	55 分鐘	休息／交叉訓練	55 分鐘	66 分鐘	重量	18 公里	休息日
五	四次上坡訓練	休息／交叉訓練	66 分鐘	66 分鐘	重量	20 公里	休息日
六	66 分鐘	休息／交叉訓練	五次上坡訓練	55 分鐘	重量	23 公里	休息日
七	66 分鐘	休息／交叉訓練	66 分鐘	66 分鐘	重量	18 公里	休息日
八	五次上坡訓練	休息／交叉訓練	77 分鐘	77 分鐘	重量	25 公里	休息日
九	77 分鐘	休息／交叉訓練	六次上坡訓練	55 分鐘	重量	28 公里	休息日
十	66 分鐘	休息／交叉訓練	77 分鐘	77 分鐘	重量	23 公里	休息日
十一	六次上坡訓練	休息／交叉訓練	77 分鐘	77 分鐘	重量	32 公里	休息日
十二	66 分鐘	休息／交叉訓練	六次上坡訓練	55 分鐘	重量	25 公里	休息日
十三	55 分鐘	休息／交叉訓練	66 分鐘	66 分鐘	重量	34 公里	休息日
十四	五次上坡訓練	休息／交叉訓練	66 分鐘	66 分鐘	重量	25 公里	休息日
十五	55 分鐘	休息／交叉訓練	55 分鐘	66 分鐘	重量	36 公里	休息日
十六	55 分鐘	休息／交叉訓練	五次上坡訓練	55 分鐘	重量	21 公里	休息日
十七	四次上坡訓練	休息／交叉訓練	55 分鐘	55 分鐘	重量	16 公里	休息日
十八	44 分鐘	休息／交叉訓練	55 分鐘	休息	重量	3 公里	比賽

馬拉松訓練計畫：二十一週時程表

　　原則：中等程度的運動員，需要較多休息日，但每星期能進行難度較高的運動。

第一階段 （第一至第四週）	每週 26 至 32 英里 長跑：每週 10 或 11 或 12 或 13 英里 每週 70 至 90 分鐘的上坡訓練 輕鬆跑
第二階段 （第五至第八週）	每週 30 至 38 英里 長跑：每兩週 14 至 17 英里 以 8 公里的速度，完成 1 千 2 百公尺五至七圈，中間穿插 5 分鐘慢跑 每週 80 至 110 分鐘的上坡訓練
第三階段 （第九至第十八週）	每週 40 英里 三週較為輕鬆，每週 25 英里 長跑：每二至三週 18 至 25 英里 以 2 英里的速度，完成 4 百公尺十二圈（行走 2 百公尺，完成 4 百公尺六圈後休息 4 分鐘） 2 至 3 英里，以及 5 至 13 英里跑（包括每隔一週一次以馬拉松速度或接近馬拉松速度跑） 每二至三週賽跑，作為高速跑步訓練 輕鬆跑總里程最多 40 英里
第四階段 （第十九至二十一週）	「賽前」階段 無上坡訓練

週次	星期一	星期二	星期三	星期四	星期五	星期六	星期日	總里程數
一	5 英里	休息日	10 英里	5 英里	休息日	70 分鐘上坡	休息日	26
二	5 英里	休息日	11 英里	5 英里	休息日	70 分鐘上坡	休息日	27
三	5 英里	休息日	12 英里	4 英里	休息日	80 分鐘上坡	休息日	29
四	5 英里	休息日	13 英里	4 英里	休息日	80 分鐘上坡	休息日	30
五	9 英里	休息日	1 千 2 百公尺五圈	8 英里	休息日	100 分鐘上坡	休息日	32
六	80 分鐘上坡	休息日	1 千 2 百公尺六圈	4 英里	休息日	15 英里	休息日	34
七	9 英里	休息日	1 千 2 百公尺六圈	8 英里	休息日	100 分鐘上坡	休息日	33
八	80 分鐘上坡	休息日	1 千 2 百公尺七圈	4 英里	休息日	17 英里	休息日	37
九	10 英里	休息日	4 百公尺十二圈	4 英里	9 英里	休息日	12 英里	41
十	休息日	9 英里	1 英里四圈	休息日	7 英里	19 英里	休息日	41
十一	3 英里	休息日	4 百公尺十二圈	4 英里	休息日	1 英里六圈	4 英里	26 輕鬆
十二	9 英里	休息日	馬拉松速度 6 英里	休息日	6 英里	21 英里	休息日	42
十三	4 英里	休息日	1 英里八圈	休息日	3 英里	5 公里賽跑	休息日	25 輕鬆
十四	馬拉松速度 6 英里	休息日	1 英里九圈	休息日	7 英里	休息日	16 英里	40
十五	休息日	馬拉松速度 7 英里	6 英里	休息日	4 英里	25 英里	休息日	40

十六	4 百公尺十二圈	休息日	6 英里	6 英里	休息日	5 公里賽跑	休息日	25 輕鬆
十七	7 英里	休息日	1 英里十圈	4 英里	7 英里	休息日	馬拉松速度 11 英里	41
十八	休息日	9 英里	休息日	7 英里	休息日	20 英里	休息日	41
十九	3 英里	7 英里	1 英里五圈	休息日	3 英里	馬拉松速度 12 英里	休息日	30
二十	6 英里	休息日	1 英里五圈	休息日	5 英里	10 英里	休息日	26
二十一	6 英里	休息日	馬拉松速度 3 英里	休息日	2 英里	休息日	馬拉松	11+ 馬拉松

半程馬拉松訓練計畫：十八週時程表

原則：初學者及首次接觸半程馬拉松的運動員

重點：培養耐力。

每週進行較短的計時跑步練習，運動員就不必擔心距離；星期天的跑步要有足夠的長度。

每天的訓練都有不同的重點。

星期一	休息或交叉訓練，搭配中度活動，例如游泳與行走（跑步動作較少）
星期二	加速跑，或重複的中坡度上坡跑，長度約為 250 公尺
星期三	在跑的途中配速
星期四	輕鬆的恢復跑
星期五	大量重複，重量訓練較少。只是健身，毋須鍛鍊肌肉
星期六	恢復
星期日	慢速長跑（半程馬拉松速度的 65 至 75%，例如在 2 小時又 15 分鐘的半程馬拉松，是以每公里 7 至 8 分鐘的速度）

週次	星期一	星期二	星期三	星期四	星期五	星期六	星期日
一	休息／交叉訓練	33 分鐘	33 分鐘	33 分鐘	重量	休息日	跑 4 公里
二	休息／交叉訓練	33 分鐘	33 分鐘	33 分鐘	重量	休息日	跑 6 公里
三	休息／交叉訓練	三次上坡訓練	44 分鐘	44 分鐘	重量	休息日	跑 6 公里
四	休息／交叉訓練	44 分鐘	三次上坡訓練	44 分鐘	重量	休息日	跑 8 公里
五	休息／交叉訓練	44 分鐘	44 分鐘	44 分鐘	重量	休息日	跑 8 公里
六	休息／交叉訓練	三次上坡訓練	44 分鐘	44 分鐘	重量	休息日	跑 10 公里
七	休息／交叉訓練	55 分鐘	三次上坡訓練	55 分鐘	重量	休息日	跑 10 公里
八	休息／交叉訓練	55 分鐘	55 分鐘	55 分鐘	重量	休息日	跑 12 公里
九	休息／交叉訓練	三次上坡訓練	55 分鐘	55 分鐘	重量	休息日	跑 12 公里
十	休息／交叉訓練	66 分鐘	三次上坡訓練	55 分鐘	重量	休息日	跑 14 公里
十一	休息／交叉訓練	66 分鐘	66 分鐘	66 分鐘	重量	休息日	跑 14 公里
十二	休息／交叉訓練	三次上坡訓練	66 分鐘	66 分鐘	重量	休息日	跑 16 公里
十三	休息／交叉訓練	66 分鐘	三次上坡訓練	66 分鐘	重量	休息日	跑 16 公里
十四	休息／交叉訓練	66 分鐘	66 分鐘	66 分鐘	重量	休息日	跑 18 公里
十五	休息／交叉訓練	三次上坡訓練	77 分鐘	44 分鐘	重量	休息日	跑 18 公里
十六	休息／交叉訓練	77 分鐘	三次上坡訓練	77 分鐘	重量	休息日	跑 20 公里
十七	休息／交叉訓練	66 分鐘	66 分鐘	66 分鐘	重量	休息日	跑 18 公里
十八	休息／交叉訓練	55 分鐘	休息	44 分鐘	33 分鐘	比賽日	比賽

特殊奧林匹克：
田徑——運動項目介紹、規格及教練指導準則
Athletics：Special Olympics Coaching Guide

作　　　者／國際特奧會（Special Olympics International，SOI）
翻　　　譯／龐元媛
出 版 統 籌／中華台北特奧會（Special Olympics Chinese Taipei，SOCT）

總　編　輯／賈俊國
副 總 編 輯／蘇士尹
編　　　輯／高懿萩
行 銷 企 畫／張莉滎・蕭羽猜・黃欣

發　行　人／何飛鵬
出　　　版／布克文化出版事業部
　　　　　　台北市中山區民生東路二段 141 號 8 樓
　　　　　　電話：(02)2500-7008 傳真：(02)2502-7676
　　　　　　Email：sbooker.service@cite.com.tw
發　　　行／英屬蓋曼群島商家庭傳媒股份有限公司城邦分公司
　　　　　　台北市中山區民生東路二段 141 號 2 樓
　　　　　　書虫客服服務專線：(02)2500-7718；2500-7719
　　　　　　24 小時傳真專線：(02)2500-1990；2500-1991
　　　　　　劃撥帳號：19863813；戶名：書虫股份有限公司
　　　　　　讀者服務信箱：service@readingclub.com.tw
香港發行所／城邦（香港）出版集團有限公司
　　　　　　香港灣仔駱克道 193 號東超商業中心 1 樓
　　　　　　電話：+852-2508-6231　　傳真：+852-2578-9337
　　　　　　Email：hkcite@biznetvigator.com
馬新發行所／城邦（馬新）出版集團 Cité (M) Sdn. Bhd.
　　　　　　41, Jalan Radin Anum, Bandar Baru Sri Petaling,
　　　　　　57000 Kuala Lumpur, Malaysia
　　　　　　電話：+603- 9057-8822　　傳真：+603- 9057-6622
　　　　　　Email：cite@cite.com.my
印　　　刷／韋懋實業有限公司
初　　　版／2022 年 12 月
售　　　價／新台幣 300 元
I S B N／978-626-7256-17-6
E I S B N／978-626-7256-01-5（EPUB）

城邦讀書花園　布克文化
www.cite.com.tw　www.sbooker.com.tw